열심히 살아도 불안한 사람들

HIGH-FUNCTIONING ANXIETY

Copyright ⓒ 2024 by Dr. Lalitaa Suglani
Originally published in 2024 by Hay House UK. Ltd.

Korean translation copyright ⓒ 2025 by RH Korea Co., Ltd.
Korean translation rights arranged with Hay House UK Ltd.
through EYA Co.,Ltd.

이 책의 한국어판 저작권은 EYA Co., Ltd.를 통한
Hay House UK Ltd.사와의 독점 계약으로 ㈜알에이치코리아가 소유합니다.
저작권법에 의하여 한국 내에서 보호를 받는 저작물이므로 무단 전재 및 복제를 금합니다.

HIGH-FUNCTIONING ANXIETY

랄리타 수글라니 지음 | 박선령 옮김

열심히 살아도 불안한 사람들

과도한 생각과
완벽주의를 끊어내는
불안 관리 솔루션

RHK
랜덤하우스코리아

《열심히 살아도 불안한 사람들》에 쏟아진 찬사

상담 치료 현장에서 가장 자주 만나는 불안! 이 책은 불안한 사람들을 살려낼 수 있는 치료제다. 내가 왜 불안한지 이해하고, 불안을 해소하는 방법을 구체적으로 제시한다. 5단계 가이드와 워크시트만 잘 따라가면, 유능한 치료자와 마주 앉아 상담을 받는 듯하다. 불안을 셀프 치유하고 싶다면 이 책이 답이다.

_박상미, 심리상담가 & 한양대 일반대학원 교수 & 힐링캠퍼스 더공감 학장

겉보기엔 괜찮아 보이지만 불안을 품고 사는 사람이 많다. 이들은 남들보다 높은 성과를 내고, 남들을 세심하게 배려하는 사람처럼 보인다. 그렇지만 이들이 높은 성과를 만들어내는 이유가 성과를 이루지 못하면 자신이 무가치하다고 믿기 때문이라면? 세심한 배려를 하는 사람처럼 보이는 이유가 거부에 대한 두려움 때문이라면?

마치 고요한 호수 위에 떠 있지만 수면 아래에서 쉴 새 없이 발을 구르는 백조와도 같다. 끊임없이 마음을 소진하며 살아가는 사람들, HFA에 시달리는 사람들의 모습이다. HFA를 겪는 사람들은 오히려 그렇지 않은 사람보다 훌륭한 성과를 내기 때문에 알아차리기 쉽지 않다. 심지어 본인조차도 알아차리기 어렵다. 그래서 나는 잘 살고 있는 것 같은데 왠지 마음이 불편한 사람에게 이 책을 추천하고 싶다.

_최설민, 유튜브 '놀면서 배우는 심리학'

수치스러움과 연약함을 숨기느라 우리가 얼마나 완벽해지려고 애쓰며 사는지, 자신의 상태를 너무나 잘 알게 해주는 책입니다. 작가가 이야기하는 치유의 여정을 따라가는 내내, 제가 내담자로 상담 받았던 시간, 제가 상담자로 만난 수많은 이

들이 떠올랐습니다. 완벽해져야만 인정받을 것 같고, 불안과 두려움을 꺼내볼 안전한 곳이 없다고 하는 이에게 이 책을 꼭 추천하고 싶습니다. 책에 담긴 작가의 온기와 친절한 안내가, 한 발 한 발 성장을 위해 나아가는 당신의 절박함에 분명히 용기와 힘을 실어줄 것입니다. 당신은 오늘도 당신의 무엇을 숨기느라, 괜찮은 척 하면서 치열하게 살아가고 있나요?

_앤드쌤, 유튜브 '앤드쌤의 사랑방'

랄리타 박사는 지금까지 당신이 느낀 감정이 무엇인지 이해하도록 도와주고, 그 감정에 어떻게 대처해야 하는지도 알려준다. 아주 멋진 책이다.

_모 가댓 Mo Gawdat, 구글X CBO& 베스트셀러 《행복을 풀다》 저자

《열심히 살아도 불안한 사람들》은 겉으로는 '괜찮아 보이는 법'을 터득했지만 내면에서는 자기 비판과 회의, 실패에 대한 두려움, 완벽주의 때문에 어려움을 겪고 있는 모든 이들을 위한 책이다. 랄리타 박사는 자신의 경험과 심리학자로서의 전문 지식을 결합해 독자들이 자기 발견과 성장을 향해 나아가는 데 도움이 되는 로드맵을 제공한다.

_메레디스 카더 Meredith Carder, ADHD 코치 & 《It All Makes Sense Now》 저자

랄리타 박사는 실용적인 솔루션과 통찰력 있는 성찰을 제공하는 여정으로 우리를 안내하면서 심리학 기반의 접근 방식을 통해 불안에 맞설 힘을 건넨다. 다들 꼭 읽어봐야 한다. 이 책은 내면의 평화가 가까이에 있다는 믿음을 심어준다.

_벡스 킹 Vex King, 「선데이 타임스」 베스트셀러 《하이로우, 진동의 법칙》 저자

단순한 생존이 아닌 더 나은 삶을 위한 최고의 가이드를 통해 HFA에서 벗어나자!

_시바니 파우 Shivani Pau, 팟캐스트 'A Millennial Mind' 진행자

HFA는 자신으로부터 숨거나 자신을 괴롭히는 대상을 피하도록 만들어서 고립과 외로움이라는 더 큰 고통을 불러온다. 그런 의미에서 외로움을 덜 느끼도록 도와주는 랄리타 박사의 책은 매우 특별하다. 이 책은 따뜻하고 공감적인 이야기로 당신을 이곳까지 이끈 과거를 깊이 이해할 수 있게 안내하고, 치유의 길을 걷는 동안 손을 잡아줄 것이다. 이 중요한 책을 적극 추천한다.

_알렉스 하워드 Alex Howard, Optimum Health Clinic 설립자 & 《피로 해독》 저자

자존감을 포용하고 HFA를 극복하기 위한 혁신적인 가이드를 처음 만난다. 이 책은 진정한 자아를 받아들이고 경계를 넘어 성장하는 데 도움이 되는 실용적인 도구와 심오한 통찰력을 제공한다. _심란 카우르 Simran Kaur, 《Girls That Invest》 저자

사례 연구, 실용적인 조언, 전문적이고 개인적인 지혜가 풍부하게 담긴 이 책은 자기도 모르는 새에 HFA에 시달리면서 혼란스러워하는 이들에게 해결책을 제시한다. 치유를 향한 여정에서 꼭 읽어야 할 책이다.

_시몬 헹 Simone Heng, 《Let's Talk About Loneness》 저자

나는 사람들에게 문제를 해결할 수 있는 도구와 프레임워크를 제공하는 것을 중요하게 생각한다. 랄리타 박사의 《열심히 살아도 불안한 사람들》은 정보와 맥락을

멋지게 제시할 뿐 아니라 문제가 발생했을 때 이를 해결할 수 있는 도구도 제공한다. 이 책에 나오는 실용적인 워크시트와 자기 성찰로 이끄는 질문은 일관된 패턴에 갇힌 개인에게 크나큰 변화를 가져다준다. 나는 예전부터 랄리타 박사가 쓴 작품의 팬이었는데, 《열심히 살아도 불안한 사람들》은 지금까지 그가 쓴 책들 가운데 최고의 작품일 것이다. _사브리나 조하 Sabrina Zohar, 팟캐스트 'Do The Work' 진행자

이 책은 우리 시대를 위한 책이라는 느낌이 든다. 강렬한 인생 경험과 학습 경험을 지닌 사람이 두려움에 휩싸여 스스로를 괴롭히는 정신적인 한계에서 벗어나 악순환을 깨라고 말하는 듯하다. 랄리타 박사는 HFA를 앓는 사람들을 위해 이 책을 썼지만 팬데믹 이후 고조된 불안을 안고 살아가는 이들이 많아졌다. 그런 수많은 이들이 과거의 패턴을 잊고 새로운 삶의 방식을 학습하는 과정에서 이 책이 큰 도움이 될 것이라고 믿어 의심치 않는다. _제시카 휴이 Jessica Huie, 《Purpose》 저자

《열심히 살아도 불안한 사람들》 한국어판 특별 서문

《열심히 살아도 불안한 사람들》을 한국에 소개하게 되어 영광입니다. 고기능성 불안 장애High-Functioning Anxiety, HFA라는 개념을 한국 독자들에게 처음 정식으로 소개하게 되어 더욱 뜻깊네요. 이 책을 쓰면서 HFA로 고통받는 사람들에게 HFA라는 개념을 알려주고, 스스로를 도울 수 있는 힘을 주고 싶었습니다. 겉으로는 성공한 것처럼 보여도 속으로는 자신이 힘들다는 사실도 깨닫지 못하고 불안감과 싸우는 이를 위해 책을 썼어요. 이 메시지가 다양한 문화와 언어를 넘어 전해지는 모습을 보게 되어 겸허함과 감동을 느낍니다. 앞으로 이 책이 얼마나 많은 이의 마음에 희망의 빛을 일깨울 수 있을지 기대됩니다.

한국과 마찬가지로 많은 사회에서 높은 성취도, 인내심, 감정 조절은 칭찬받는 특성이죠. 한편으로 이런 특성들은 우리가 내면의 고통을 숨기게끔 만듭니다. HFA는 눈에 띄는 증상으로 발현되지 않는 경우가 많기 때문에 우리는 아무 문제가 없다는 듯 살아갑니다. 내면에서는 자기 자신과 싸움을 벌이고 있는데 말이죠. 안타깝게도 이들의 고통이 늘 공황 장애나 신경 쇠약의 형태로 나타나지는 않습니다. 훌륭한 성적을 내는 학생이나 높은 업무 성과를 올리는 유능한 직원이 그들을 시끄럽게 비난해대는 내면의 목소리 때문에 남몰래 외로움과 피곤함, 막막함, 무기력함을 느끼며 고군분투하고 있을지도 모릅니다. 하지만 당신은 이렇게 살 필요가 없습니다.

이 책이 우리가 왜 어떻게 행동하는지를 이해하도록 도와줄 뿐 아니라, 스스로를 비난하는 목소리를 이겨내고 자신에게 자비를 베풀 줄 아는 사람이 되도록 돕는 도구로 쓰였으면 합니다. 심리학자로서 저는 사람들의 가장 깊은 곳의 이야기를 접하며 그들이 살아가는 방식의 이유를 찾게끔 도와주는 일을 합니다. 제 안의 그림자 측면과 내면의 아이를 세상에 내보이면서 말이죠. 당신은 혼자가 아니고, 도움을 받을 수 있으며, 지금의 삶에서 탈출할 방법도 있다고 말해주고 싶습니다. 우리의 가치는 타인이 나를 어떻게 보는 데서 만들어지는 게 아니라, 있는 그대로의 내 모습도 충분하다는 자기 신뢰와 믿음에 의해 결정된다는 사실을 말입니다.

이 책이 당신의 삶에 함께하게 되어 정말 감사합니다. 당신만의 성장과 진정성을 찾아 떠나는 여정에 이 책이 다정한 동반자가 될 것이라고 믿어 의심치 않습니다.

사랑과 희망을 담아,
랄리타 수글라니

목차

《열심히 살아도 불안한 사람들》에 쏟아진 찬사 … 4
《열심히 살아도 불안한 사람들》 한국어판 특별 서문 … 8
들어가며 … 15

|1부| 과거를 잊고 새롭게 시작하라

1단계
자신의 패턴을 확인하고 숨겨진 자아를 드러내자

불안 극복의 첫 걸음, HFA 이해하기 … 29
HFA가 있으면 민감성도 높다 … 31
불안과 두려움에 떠는 숨겨진 자아 … 36
거부에 대한 두려움을 먹고 자라는 HFA … 40
자신이 어떤 사람인지 알 때 생기는 힘 … 43
HFA의 7가지 대표적인 증상 … 46
우리를 둘로 분열시키는 HFA … 62

2단계

패턴을 해독하고 그림자에 맞서자

전진하기 위해 과거로 돌아가야 한다	86
분열된 '나'를 봉합하기	89
어린 시절의 경험에서 HFA가 시작됐다	96
우리를 계속 실패하게 만드는 핵심 신념	99
모든 인간관계의 뿌리, 애착 이론	103
4가지 애착 유형	108
자아 실현을 위한 욕구 단계 이론	113
욕구와 HFA로 인한 완벽주의	116
진정한 자아를 받아들이고 포용하자	118
사람들의 비위를 맞추는 행동을 멈추자	121
진정한 자신으로 깨어나자	126
자기 인식에 이르는 길을 걸어야 할 때	129

| 2부 | '나'에 대해 다시 배워라

3단계
자신과 연결되어 두려움을 초월하자

자신의 행동 패턴 이해하기	139
핵심 자아와 다시 연결되자	141
HFA에 대처하는 도구 세트	143

4단계
민감성을 받아들이고 자기 신뢰를 회복하자

민감성에 자리를 내주자	174
민감성을 강점으로 활용하는 방법	178
타인과의 경계를 무너뜨리는 HFA	183
인지 재구성으로 부정적인 생각을 바꾼다	201
폭발되는 감정 관리하기	203
자기 인식이 슬픔과 상실을 드러내는 방식	205
일시 정지가 지닌 힘	209

5단계
자기 자비를 발휘하자

나만의 규칙을 새롭게 만든다   215
파워: 우리를 성장시키는 12가지 방법   215

결론   262
자신과의 약속   264
감사의 말   265
참고 자료   266

들어가며

마침내 그동안 외면했던 그림자와 마주하기로 결심한 순간이 아직도 기억난다. 영국에서 이민자 2세이자 소수 민족으로 자라면서, 내가 2개의 문화 사이에서 분열되어 있다는 사실을 깨달았다. 그게 내 삶의 경험을 형성했고 나는 이에 대처하려 애쓰다가 고기능성 불안 장애HFA, High-Functioning Anxiety를 앓게 되었다. 어른이 되었을 때 내가 느낀 감정은 온통 수치심이었다. 그리고 그런 감정을 숨기려 했던 정신적 상자는 공간이 부족해지고 있었다.

내게 무언가 심각한 문제가 있다고 생각했고, 마음속에서 스스로를 향한 비난이 커질수록 거울 속의 나를 바라보는 일조차 힘들어졌다. 당시에는 그게 내 기분에 대처하는 방식이었지만 지금 돌이켜 생각하면 해로운 방식이었다. 그때는 내게 무슨 일이 일어나고 있는지 몰랐다. 그냥 스스로가 어리석고 한심하다고만 생각했다. 하지만 그런 모습을 다른 사람에게 보여주고 싶지 않았기 때문에 어떻게든 숨기려고 최선을 다했다.

'성공'하려고 노력하면 내 문제를 해결할 수 있었다. 하지만 그 노력의 과정에서 중심이 되어야 할 가치관이나 타인과의 의미 있는 관계가 부족했다. 그리고 모든 것에 지쳤으면서도 내가 할 수 있는 일은 아무것도 없다고 믿었다. 내가 얼마나 엉망인지 알리고 싶지 않아서 도움을 요청하는 일조차 두려웠다. 수년 동안 나의 일부를 피하려고 애썼지만 무슨 짓을 해도 그 부분은 항상 드러났다. 결국 어둠 속에 감춰뒀던 부분을 빛 속으로 끌어낼 수밖에 없었다. 그리고 거기서 발견한 것이 내 인생을 바꿔놓았다.

고기능성 불안 장애 HFA란?

설명을 시작하기 전에 고기능성 불안 장애(이 책에서는 HFA라고 지칭할 것이다)는 일반적으로 더 이상 일을 하거나 자신을 돌보거나 관계를 유지할 수 없을 정도로 우리를 쇠약하게 만드는 심각한 불안증과 다르다는 점을 분명히 하고 싶다. 나처럼 HFA 증상을 지닌 사람들은 내면에서는 불안 증상을 겪으면서도 외부에 비치는 면은 효과적으로 관리한다. 우리는 자기가 생각하기에 '좋은 면'만 세상에 보여주고 다른 이들에게 보여주고 싶지 않은 '진짜 얼굴' 즉, 불안 증상은 숨기고는 한다.

미국 국립정신건강연구소에 따르면 성인의 약 31%가 삶의 어느 시점에서 불안 장애를 경험했고[1], 영국에서는 2022~2023년 여성의 37%, 남성의 30%가 높은 수준의 불안을 느낀다고 보고했다.[2]

이런 불안 장애를 앓는 이들 중 상당수가 HFA를 겪고 있을 가능성이 높지만 HFA는 현재 공식적으로 인정된 불안 장애는 아니다. 이는 HFA 증상을 지닌 사람들이 일상생활을 상당히 잘 영위하는 경향이 있기 때문인데 HFA도 삶의 질을 떨어뜨리거나 심한 외로움과 단절감을 유발한다.

<u>스스로를 '부족한 사람'이라고 여기는 기분</u> 때문에 HFA가 발생한다. HFA를 앓는 사람들은 유능하고 재주가 많은 것처럼 보이지만 내면에서는 극심한 걱정, 자기 비판과 의심, 실패에 대한 두려움을 느낀다. 결과적으로 그들은 종종 믿을 수 없을 만큼 높은 기준을 정해두고 삶의 다양한 측면에서 완벽한 수준에 도달하려고 끊임없이 노력한다. 어떻게든 자기 힘으로 일을 마무리하고 주변 사람들까지 돌보려고 한다. 그렇게 모든 걸 다 갖춘 강하고 체계적인 사람처럼 보여도 내면에는 다른 이들이 볼 수 없는 이야기가 숨어 있다.

HFA를 앓는 사람들은 자신을 부족한 사람이라고 여기는 두려움 때문에, 외부의 인정을 통해 본인의 가치를 입증하려고 강한 성취욕을 발휘해서 뛰어난 성과를 올리려고 한다. 비판을 두려워하고 다른 사람의 부탁을 거절하거나 실망시키는 걸 싫어한다. 그게 다른 사람들에게 받아들여지고 사랑받을 수 있는 유일한 방법이라고 생각하기 때문이다. 하지만 아무리 높은 성과를 올려도 여전히 부족하다고 느

끼며, 자신은 기준에 부합하지 않다는 생각을 품고 있다. 아니면 내심 본인에게 무언가 문제가 있다고 믿기도 한다. 자신이 부족한 사람이라는 두려움은 지속적인 스트레스와 불안의 원인이 되며 과도한 일, 과도한 생각, 자기 비판이라는 사고·행동 패턴으로 이어진다.

심리학자로서 내가 알게 된 흥미로우면서도 당혹스러운 사실 하나가 있다. 바로 내가 만난 많은 이들이 HFA와 관련이 있지만 그것의 근본 원인이 무엇인지 잘 모른다는 사실이다. 그들은 자기 삶이 충분히 가치 있게 느껴진다고 주장한다.

그러나 스스로를 자신감 있고 만족스러운 사람이라고 여긴다고 해서 반드시 그 행동이 두려움으로부터 자유롭다는 뜻은 아니다. 그냥 그렇다는 사실 자체를 모르는 것일 수도 있다는 점을 이해해야 한다. 우리가 자기 인식의 표면만 긁고 있는 동안 진짜 중요한 문제는 잠재의식 속 깊숙한 곳에 숨겨져 있는 경우가 많다. 이 책에서는 당신의 가장 깊숙한 뿌리까지 파고 들어가서 진정한 자아를 발견하고 포용하도록 도울 것이다.

'나는 이대로도 행복한데 왜 그런 걸 탐구해야 하지?'라고 생각할 수도 있다. 하지만 HFA가 진정한 삶을 온전하게 살아가는 일을 방해하기 때문에 스스로를 깊이 들여다봐야 한다고 말하고 싶다. HFA는 우리를 제한한다. 사람들이 우리의 일부분을 보지 못하도록 숨기게 만든다. HFA는 두려움에 뿌리를 두고 있다. 다른 사람들이 우리의 '진짜' 모습을 보는 것에 대한 두려움 말이다. 이로 인해 발생한 우리 내면에서 벌어진 싸움은 우리 자신과의 싸움이다.

언젠가는 이렇게 불안을 숨긴 상태로 살아가는 것이 지겨워질 것이다. 내 경험에 따르면 외롭고 지치기 쉽다. 결국 불안의 원인을 살펴보는 것 외에는 다른 선택의 여지가 없다는 걸 깨닫고, 언젠가는 그 원인이 바로 우리가 도망쳤던 이유임을 알게 되는 순간이 찾아온다.

자신의 가치를 수용하라

무언가가 잘못되었다는 사실을 인정하는 게 가장 어려울 때가 많다. 앞으로 나아갈 수 있는 유일한 방법은 자신에게 솔직해지는 방법뿐이다. 도망을 치거나 감정의 방패 뒤에 숨어서는 안 된다. 스스로에게 솔직해지는 과정이 힘들 수도 있지만 불안을 안고 살아가는 것보다는 낫다. 이제는 진정한 '나' 자신으로 성장할 때가 되었다.

비가 땅을 깨끗이 씻어내고 새로운 성장을 돕듯이, 당신이 직면한 어려움은 당신 영혼을 깨끗하게 하고 길을 밝혀주는 힘이 될 것이다. 어둠 속에 성장과 변화의 기회가 있다. 폭풍은 우리를 뒤흔들 수 있지만 때로는 자신이 되고자 하는 모습을 만들어내기도 한다. 폭풍이 가라앉으면 더 강해지고, 더 현명해지고, 자신의 진정한 자아와 일치된 모습을 보게 될 테니 그 과정을 믿어보자.

물론 쉬운 일은 아니다. 자신과 자기 감정에 솔직해지는 것을 비롯해 여러 노력을 기울여야 한다. 신속한 해결책 같은 것은 없으며 생활 방식 자체를 바꿔야 한다. 하지만 그만한 가치가 있는 일이라고 장담한다. 애벌레가 고치 안에서 다양한 변신 단계를 거치며 날개를 펼 칠 순간을 기다리는 것처럼 당신도 내면 깊숙한 곳에서 시간을 보내며 변화를 준비하게 될 것이다.

나는 사람들이 스스로를 가치 있는 존재라고 여기면서 더 이상 자기 생각 때문에 힘들어하는 일이 없길 바란다. 내가 상담하는 사람들에게서 이 과정이 실제로 이루어지는 모습을 보았다. 그들은 자기 생각과 감정을 제대로 이해하면 모든 게 바뀐다는 사실을 알고 놀랐다. 인생 여정은 다른 사람을 위해 수행하는 여정이 아니라 연민 어린 마음으로 자신을 사랑하면서 그냥 '존재'하기 위한 과정이다.

우리는 종종 스스로를 부적절하다고 느끼거나 특정 기준에 미치지 못한다고 여기는 함정에 빠지곤 한다. 하지만 사실 우리는 매우 괜찮은 사람들이다. 우리의 가치는 외적인 성취나 인정, 다른 사람과의 비교에 의존하지 않는다. 우리가 지닌 자질과 강점, 재능이 우리를 소중한 존재로, 남들의 사랑과 수용을 받을 수 있는 존재로 만든다.

이 책을 활용하는 방법

스스로의 가치를 인정하면 자기 자비, 자기 수용, 내면의 평화를 키울 수 있다. 자신의 타고난 훌륭함을 인정하면 끝없는 노력과 완벽주의에 대한 강박을 버리고, 대신 친절하고 애정 어린 태도로 진정한 자아를 받아들일 수 있다. 스스로가 이미 괜찮은 존재라는 사실을 깨닿는 지점에 도달하기만 해도 모든 것이 달라진다.

그게 바로 내가 이 책을 쓴 이유다. HFA라는 공황 상태를 진정시키고, 균형을 찾고, 잘 살아가는 데 필요한 인식과 이해, 도구를 제공하려고 한다. HFA가 무엇인지 정확하게 설명하고 일상 속 HFA 증상과 행동 패턴을 파악하는 방법도 알려준 다음 새로운 존재 방식을 선택하도록 도와줄 것이다.

실용적인 워크시트와 도구, 자기 성찰을 위해 고안된 질문이 포함된 심리학 기반의 접근 방식을 통해 두려움에 맞서고 불안을 극복할 내면의 힘과 회복력을 얻길 바란다. 이 힘은 당신의 손이 닿는 곳에 있고, 당신은 이 힘을 얻을 자격도 충분하다. 기존에 그어둔 선을 뛰어넘어 자신을 확장시킬 준비를 하자.

5단계 과정 소개

이 책에서는 HFA 관리를 위한 5단계 가이드를 두 부분으로 나눠서 정리했다. 1부는 과거를 잊고 새롭게 시작하라는 1단계와 2단계를 포함한다. 내가 내담자들에게 HFA 극복 과정을 안내할 때 가장 먼저 하는 일은 그들이 HFA를 앓고 있다는 사실을 인식하고 그 이유를 이해하도록 돕는 일이다. 이런 이해가 없으면 근본적인 원인 즉, 두려움을 해결하지 못한 채 증상만 관리하게 된다. 1부에서는 자신의 내면을 들여다보고, 두려움이 어디서 유래했는지 알아낸 다음 그로 인해 생긴 패턴을 없애는 것이 목표다.

2부는 3~5단계로 구성되며 자신과 다시 연결을 맺는 방법을 알려준다. 여기에서는 HFA 때문에 과도해진 민감성을 강점으로 활용하는 방법뿐 아니라 자신을 신뢰하고 연민을 드러내는 방법까지 배울 것이다. 5단계를 개략적으로 설명하면 다음과 같다.

1단계: 자신의 패턴을 발견하고 숨겨진 자아를 드러내자

HFA에 대한 심층적인 탐구를 통해 HFA란 무엇이고 어디에서 유래되었는지 설명하고, 주요 행동 패턴에서 HFA가 어떤 식으로 나타나는지 보여준다.

2단계: 패턴을 해독하고 그림자에 맞서자

더 깊이 파고들어 자신의 행동 패턴을 확인하고 그 기원을 밝히면서 지금 스스로가 왜 그렇게 사는지 이해한다.

3단계: 자신과 연결되어 두려움을 초월하자

여기에는 두려움, 불안, 자기 의심을 관리하는 데 도움이 되는 도구 세트가 포함되어 있다.

4단계: 민감성을 받아들이고 자기 신뢰를 회복하자

HFA로 인해 고조된 민감성을 헤쳐 나가는 동안 자신을 보호해 줄 경계를 설정하는 방법을 알아본다.

5단계: 자기 자비를 발휘하자

자신에게 친절하게 대하는 기술을 배우고 12가지 파워의 도움을 받아 스스로를 성장시킬 방법을 살펴본다.

이 책 전체에서 HFA에 대한 내 경험, 수년간 내담자들과 상담하면서 얻은 지혜를 활용할 것이다. 실제로 많은 내담자들의 사례를 소개한다(이름과 자세한 내용은 바꿨다). 과거를 직시하고, 과거가 현재에 어떻게 영향을 미치는지 이해하고, 보다 만족스럽고 의미 있는 미래를 만드는 방법들을 배우게 될 것이다.

마음속의 그림자와 불안에 맞설 수 있는 안전한 공간을 만들어준 치료사를 만난 나는 운이 좋은 편이다. 내 행동 패턴을 파악하고 마침내 모든 게 이해되기 시작했을 때의 기분이 아직도 생생하다. 진심으로 마음을 열고 나를 신뢰하기 시작하자 정말 근사한 기분이 들었다. 평화를 느꼈다. 간혹 흔들리는 경우에도 왜 그런 일이 일어나는지 이해되었다. 그게 내 여정의 시작이었다. 이 책을 집어들었으니 당신의 여정도 이제 시작이다.

1단계

자신의 패턴을 확인하고
숨겨진 자아를 드러내자

'나는 부족한 게 많은 사람이야', '나는 왜 이렇게 바보 같을까', '진짜 내가 봐도 한심하다'와 같은 생각에 빠지거나 자멸적인 행동·태도를 통해 그런 생각을 드러내는 일이 자주 있는가? 정체가 무엇인지 정확히는 몰라도 스스로에게 무언가 문제가 있다는 확신이 드는가? 그리고 이런 생각·행동 패턴이 끝없이 반복되면서 그때마다 자신감이 뚝뚝 떨어지는가?

나도 상담 치료를 받기 전까지는 내가 이런 생각과 행동의 틀에 얽매여 있다는 사실을 모르고 살았다. 나는 언제나 강한 사람이었다. 다른 사람을 배려하고, 남들의 요구를 최우선으로 여기며, 무슨 일이든 척척 해내는 사람처럼 보였다. 내 진짜 모습을 아는 사람은 아무도 없었다. 하지만 결국 이런 존재 방식이 나를 무너뜨렸다.

어느 날부터인가 평생 사용해온 대처 방식이 더 이상 효과를 발휘하지 못했다. 지치고, 진이 빠지고, 화가 나고, 마음속에 수치심이 가득 차올랐다. 도움이 필요했지만 아무도 믿지 못했으므로 다른 사람들의 도움을 받을 수 없었다. 다른 사람의 시간을 빼앗거나 부담을 주는 것이 두려웠고 다른 사람들이 나를 어떻게 생각할지도 두려웠다. 무엇을 해야 할지, 어떻게 이 문제를 극복해야 할지 알 수 없었고, 그냥 모든 게 다 끝나기만을 바랐다!

상담 치료를 받으면서 강제로 내 모습을 돌아보게 되었다. 스포트라이트가 나를 환히 비춰서 도망갈 구석이 없었다. 그리고 그 과정에서 내 마음속에 자리 잡은 자기 혐오와 수치심, 오랫동안 짊어져온 무게를 깨달았다. 나는 나 자신, 너무 부끄러워서 남에게 보여주고 싶지 않은 '나'의 일부와 단절되어 있었다. 그래서 내게 가장 적합한 방식으로 살아갈 수 없었던 것이다. 내가 괜찮은 사람이라고 느낀 적이 한 번도 없었기 때문에 다른 사람을 기쁘게 하거나 그들이 내게 원한다고 생각하는 모습을 보여주면서 '괜찮은 사람'인 척하려고 애썼다.

나는 스스로와 원만한 관계를 맺지 못했다. 원만하기는커녕 정말 끔찍한 관계였다. 내가 무엇을 하는지조차 모른 채 스스로를 괴롭혔다. 다른 이들에게 거부당하는 걸 두려워한다는 것도 몰랐는데, 사실 나를 가장 강하게 거부한 사람은 바로 나 자신이었다!

불안 극복의 첫 걸음, HFA 이해하기

자신을 제대로 이해하기 시작하면 상황이 정말 극적으로 변한다. 이 변화 과정은 매우 흥미롭다. 인간관계, 사고방식, 직장 생활 등 모든 것이 바뀌었다. 스스로 정해놓았던 한계가 사라지고 잠재력을 발휘할 수 있게 되었다. 이제 다른 사람이 나를 어떻게 생각할까 하는 두려움이나 실패에 대한 두려움에 영향을 받지 않게 되었다. 물론 그런 두려움을 완전히 없앨 수는 없었지만 두려움을 진정시키는 데 더 능숙해졌다.

누구나 스스로에게 실망하는 때가 있지만 그로 인해 계속 맥이 빠지고 행복에서 멀어지는 악순환이 지속된다면 이제 행동에 나서야 한다.

이것이 내가 고기능성 불안 장애 다시 말해, HFA 관리를 위한 5단계 가이드를 제공하는 이유다. 당신이 세상에서 차지하는 위치를 편안하게 받아들이고 사람들이 어떻게 생각할까 걱정하지 않는 방법을 배우도록 도와주고 싶다. 이번 단계의 목표는 HFA를 잘 이해하고, HFA 증상과 특징이 어떻게 나타나는지 확인하고, 자신의 행동에 HFA 증상이 존재하는지 알아보는 데 있다.

HFA 관리를 위한 여정을 시작하기 전에 먼저 그 용어가 무엇을 의미하고, 이런 불안이 내 삶 속에 어떤 모습으로 드러나는지 알아야 한다. '고기능성'이란 높은 수준으로 일을 수행하거나 일을 원활하게 해낸다는 의미다. '초과 달성'이라는 표현을 쓰기도 한다. HFA를 앓는 사람은 스스로를 무가치하다고 생각하기 때문에 '괜찮은 사람'이라는 기분을 느끼거나 무가치하다는 생각으로부터 주의를 다른 데로 돌리기 위해 더 많은 일을 하려고 한다. 그래서 다른 사람보다 높은 기준을 세우고, 그 기준을 충족하려고 애쓰는 무한한 굴레에 빠진다.

HFA 관리를 위한 첫 번째 단계는 HFA를 이해하는 것이고, 그다음 단계는 HFA와 관련된 행동에서 벗어나는 것이다. 왜 이런 단계를 거쳐야 할까? 자신이 어떤 단계를 밟는지 제대로 이해하지 못하면 의미 있는 진전을 이룰 수 없기 때문이다. 이는 꽃이 피지 않는 이유를 찾기 위해 식물 전체를 살펴보는 대신 꽃만 쳐다보면서 이해하려는 행동이나 마찬가지다.

흔히들 불안이 무엇이고 자신에게 어떤 영향을 미치는지 알고 있다고 생각한다. 심신을 쇠약하게 만드는 불안은 우리에게 인질로 사로잡힌 듯한 기분을 느끼게 하고, 일상을 살아가는 능력이나 스스로를 적절히 돌보는 능력에도 악영향을 미친다. 하지만 숨겨진 불안인 HFA는 스스로가 '괜찮은 사람'이 아니라는 두려움 때문에 생긴 문제를 수치심과 침묵 속에 가둬둔 채 대응하지 못하게 만든다.

HFA를 앓는 이들 중에는 중요한 성과를 이룬 사람, 남들 눈에 성공적이고 추진력 있으며 모든 걸 다 가진 것처럼 보이는 사람이 많다. 하지만 이건 겉으로 드러나는 부분, 그들이 세상에 보여주는 단편적인 모습일 뿐이다. 그들 내면에는 사람을 쇠약하게 만드는 불안 장애의 많은 증상이 자리 잡고 있지만 증상이 존재의 일부가 된 탓에 자신이 그런 행동 패턴에 갇혀 있다거나 HFA를 앓는다는 사실조차 깨닫지 못한다.

그들은 자신의 가치를 증명하기 위해 가능한 모든 노력을 기울이는 것을 목표로 삼는데, 이때 증명하려는 대상은 자기 자신이 아니라 다른 사람이다. 자신이 이런 행동을 하고 있다는 걸 깨닫지 못하면 결국 탈진이나 번아웃 상태에 빠질 때까지 HFA 행동 패턴이 계속된다.

HFA가 있으면 민감성도 높다

HFA를 앓는 사람은 상당히 민감하다. 그들은 인생의 어느 시점에선가 지금의 자기 모습, 또는 되고자 하는 모습이 남들 눈에 부족하다는 사실을 깨닫는다. 하지만 이런 예민한 성향에 대처하는 방법도 모르고, 민감성 때문에 매일 남들 눈에 비치는 자기 모습에 불안감을 느낀다는 사실도 모른다. 그래서 자신이 어떤 모습으로 보일지 늘 걱정하면서 자신의 가치를 정의할 수 있는 힘을 남들에게 넘겨준다. 그리고 자신이 괜찮은 사람이라고 느끼려면 다른 이들의 인정을 받아야 한다는 믿음에 기초한 행동 패턴을 발달시킨다.

HFA를 앓는 사람은 자신의 민감성을 발휘해 주변 세계를 '읽고'(그리고 굳이 그럴 필요가 없을 때도 상황을 감정적으로 받아들인다) 다른 사람이 원하는 방식으로 자신을 표현한다. 그러다 보니 결국 자신이 괜찮은 사람이라는 기분을 느끼기 위해, 자신이 정말 원하는 것은 무시하거나 억압한 채 다른 이들이 원한다고 생각되는 일만 하는 악순환에 빠지게 된다. 그들은 그냥 가만히 '존재'하는 것만으로도 어려움을 겪을 수 있다. 바로 이게 문제다. HFA와 과도한 민감성에 관한 내용은 4단계에서 자세히 살펴보겠다.

나는 내담자들과 상담할 때 양면 모델을 이용해서 'HFA를 앓는 사람은 자신의 민감성을 잘 이해하지 못한다'는 사실을 깨닫도록 도와준다. 아래의 표는 HFA를 앓는 사람은 자신의 민감한 성향을 약점으로 여기고, 실제로 느끼는 감정을 완화시켜서 남들에게 맞추려고 노력한다는 사실을 보여준다. 우리는 남들과 다르거나 눈에 띄는 걸

민감성의 양면성

HFA를 앓는 사람이 생각하는 민감성	실제 민감함의 의미
극적인 행동	열정적
불안감	직관적
비이성적인 태도	반응적
까다로운 태도	공감적
감당하기 힘든 것	이해심
나약함	관찰력
감정적인 태도	타인과의 조화

원치 않는다. 하지만 우리는 각자 자신만의 방식으로 빛을 발하는데, 이건 아주 멋진 일이다. 민감한 성격은 약점이 아니다. 세상을 보다 깊고 의미 있는 수준에서 탐색할 때는 오히려 민감성이 장점이 된다.

이건 내가 주문한 커피가 아닌데요

HFA를 앓는 사람의 민감성이 어떤 식으로 발휘되는지 예를 하나 들어보겠다. 카페에서 카푸치노를 주문하는 상황이다. 직원이 나를 퉁명스럽게 대하면서(내가 느끼기에 그런 것이다) 주문을 받는 동안 한숨만 쉬고 미소도 짓지 않는 걸 보니 아무래도 괜한 수고를 끼치는 기분이다.

음료가 나왔다. 내가 주문한 건 카푸치노였는데 받은 건 라떼였다. 하지만 이미 내가 성가신 존재가 된 것 같고 직원의 기분도 별로 좋지 않은 것처럼 보여서 아무런 말을 하지 않았다. 만약 직원이 내가 아까 라떼를 주문했다거나 내가 말을 잘못 했다면서 주문을 혼동한 책임을 회피한다면 갈등이 발생할 수도 있기 때문에 말을 꺼내는 게 불안하다. 차라리 그냥 잘못 나온 음료를 마시는 편이 낫다.

그치만 내가(또는 나의 불안감이) 고려하지 않은 점이 있다. 직원이 나를 딱히 퉁명스럽게 대한 게 아닐 수도 있다는 점이다. 어쩌면 그 사람 성격이 원래 그런 걸 수도 있고, 내가 알지 못하는 일이 그에게 있었던 건지도 모른다. 하지만 나의 과도한 민감성이 그의 퉁명스러운 태도를 알아차렸고, 나는 '부족한 사람'이라는 믿음 때문에 이 일은 결국 내 잘못이 되어버렸다. 이 일화는 우리의 믿음이 어떻게 주변 세상을 물들이는지, HFA를 앓는 사람이 상황의 진실을 파악하는 것이 얼마나 어려운지 보여주는 대표적인 사례다.

| 거부 민감성 불쾌감

부정적인 판단을 인지했을 때 생기는 감정적 반응을 거부 민감성 불쾌감RSD, Rejection Sensitive Dysphoria이라고 한다. 어떤 상황이 벌어졌을 때 지금 일어난 일이 사실인지 고려하기보다 자신의 경험을 바탕으로 믿고 싶은 것만 보는 것이다. 그 상황에서 진실이 아닐 수도 있는 부분에 크나큰 의미를 부여하고, 자존감이 부족한 본인의 맥락에 맞춰서 의미를 구성한다. 그리고 외부에 존재하는 것을 내면화하여 스스로가 부족한 사람이라는 기분을 강화한다. 오른쪽의 표는 거부 민감성 불쾌감이 어떤 식으로 드러나는지를 보여준다.

남들에게 친절하게 대하는 건 괜찮다. 하지만 굳이 그 사람의 문제를 내 문제처럼 받아들이거나 카페 직원을 화나게 할까봐 원하지도 않는 음료를 마실 필요는 없다. 그건 내 책임이 아니다. 자신의 경험에 대해 생각하는 방식을 재구성하면 세상을 다른 식으로 받아들일 수 있고 스스로에게 적합한 선택을 할 수 있다. 인지 재구성에 대해서는 4단계에서 자세히 이야기하겠다.

거부 민감성 불쾌감

상황	상황에 대한 생각	그 상황에 부여한 의미	내면의 믿음
모임에 초대받지 못했다.	'나를 초대하지 않다니, 내가 무언가 잘못한 게 틀림없어'	'내가 자기들 곁에 있는 게 싫은 가봐'	'나는 비호감이고 남들이 반기지 않는 사람이야'
메시지를 보냈는데 응답을 받지 못했다.	'나를 무시했어. 나한테 화가 난 게 있나봐'	'저 사람들은 내 우정을 소중히 여기지 않고 내게 관심도 없어'	'나는 관심이나 인정을 받을 만한 가치가 없는 사람이야'
직장에서 비판을 받았다.	'내가 한 업무에 비판을 받다니, 나는 무능해'	'사람들은 내가 무능하고 부족하다고 생각해'	'나는 실패자고 이 일에 적합하지 않아'
토론 중에 의견이 일치하지 않았다.	'내 의견에 동의하지 않다니, 내 생각이 틀렸거나 내가 멍청한 게 분명해'	'그들은 내 의견이나 생각을 존중하지 않아'	'나는 멍청하고 무능해'
사랑하는 사람에게 긍정적인 반응을 얻지 못했다.	'그는 애정을 표현하지 않아. 내가 그 사람을 실망시켰나봐'	'그는 내 감정에 관심이 없고 나를 사랑하지도 않아'	'나는 사랑스럽지 않고 애정을 받을 자격도 없는 사람이야'
대화 중에 상대방이 내 말을 가로막았다.	'말을 가로막다니, 내가 하는 말은 전혀 중요하지 않다는 뜻이야'	'저 사람은 내 생각이나 의견을 전혀 중요하게 여기지 않아'	'나는 중요하지 않은 사람이고 내 말은 귀기울일 가치가 없어'

불안과 두려움에 떠는 숨겨진 자아

'저 사람들은 아마 이렇게 생각할 것'이라는 믿음에 기초한 삶을 계속 살아가는 건 불가능하다. 다른 사람들이 실제로 우리를 어떻게 생각하는지는 알 수 없기 때문이다. 그래서 결국 우리는 자신과 싸움을 벌이게 된다. 하지만 우리 내면에 답이 있으니 시선을 외부로 돌리는 것을 멈춰야 한다. 자신과의 싸움에 대해서는 2단계에서 자세히 살펴볼 예정이다.

다른 사람들이 나를 어떻게 생각할까에 대한 학습된 두려움 때문에 진정한 모습·되고 싶은 모습을 부정한다면 계속 불안한 상태로 살아가게 된다. 이는 과도한 생각, 완벽주의 같은 완화 행위로 이어지고 신경계에 기능 장애를 일으킨다. 이런 행동은 근본적인 원인을 해결하지는 못하지만 안전한 기분을 느끼고 싶다는 욕구를 충족시킨다. 완화 행위와 관련된 내용도 2단계에서 자세히 설명하겠다.

빙산의 90%는 물 아래에 잠겨 있다. 물 위에 나와 있는 부분이 불안과 두려움, 자신을 안전하게 지키기 위한 완화 행동이라고 가정하자. 하지만 '나는 부족한 사람'이라고 느끼는 우리 내면이 물 밑에 숨어 있는 빙산처럼 훨씬 큰 부분을 차지한다. 그 부분은 숨겨져 있어서 사람들 눈에 띄지 않을 뿐이다.

자신에게 무언가가 부족하다는 판단을 내린 사람이 바로 우리 자신이라는 게 슬플 뿐이다. 남들에게 받아들여지려면 그들이 원하는 방식으로 행동해야 한다고 생각해서, 자신의 부족한 부분이 드러나지 않도록 꼭꼭 숨기는 삶도 안타깝다. 실제로는 부족한 부분이 없는데도 말이다. 빙산이 무언가에 부딪혀 숨겨진 부분이 강제로 드러나기 전까지는 계속 그렇게 살아간다. 하지만 그런 삶은 괴로울 뿐이다.

자신이 부족한 사람이라고 느끼는 것

HFA를 앓는 이들에게는 공통적으로 자신이 괜찮은 사람이라고 느끼고 싶다라는 욕구가 있다. 하지만 '괜찮다'의 기준은 성향, 지금까지의 경험에 따라 다르므로 자신의 HFA 증상이 남들과 달라서 알아차리기 어려울 수도 있다. 그러니 이런 차이를 유념해야 한다.

'괜찮은 사람'이라고 느끼고 싶은 욕구가 HFA의 근본 원인이므로 이를 이해하면 문제 행동을 파악하고 해결할 수 있다.

앞서 말했듯 HFA를 앓는 사람은 직장에서 탁월한 성과를 올리고 사회 생활도 잘하는 경향이 있으며 종종 뛰어난 성과와 성취를 이루곤 한다. 하지만 우리 눈에 보이는 모습과 그 사람의 내면에서 일어나는 일에는 큰 차이가 있다. HFA를 앓는 사람은 파멸이 임박했다는 강렬한 기분, 상황이 통제 불능 상태에 빠지고 있다는 느낌, 지나친 과잉 사고 등 불안 장애 환자와 동일한 증상을 많이 겪는다.

또 빠른 심박수나 위장 문제 같은 신체 증상을 겪기도 한다. 익숙한 비유를 들자면 우아하고 침착한 모습으로 물 위를 미끄러지듯 움직이는 백조가 수면 아래에서는 미친 듯이 발을 젓고 있는 모습과 비슷하다. HFA를 앓는 사람은 자신의 진정한 모습을 숨기는 데에 수치심과 죄책감을 느끼므로 스스로를 싫어하거나 불쾌하다고 느낀다. HFA는 의미 있는 관계를 맺는 능력도 저하시킨다.

내게도 이런 일이 일어났다. 나도 모르는 새에 내가 아닌 남을 위해 살고 있었다. 내가 필요한 존재라고 느낄 수 있는 관계에 매달렸다. 누군가 내게 무언가를 원한다면 그건 내가 괜찮은 사람이라는 뜻이었다. 이건 어릴 때 타인과 관계를 맺는 과정에서 배운 공식이다.

그러나 어른이 된 뒤에도 타인과의 관계에 이런 행동 패턴을 적용하는 바람에 타인의 인정을 제외하면 내게 정말 필요한 것이 무엇인지 모르게 되었다. 남들이 원하는 사람이 되고 싶다는 욕구를 충족시키려고 내가 정말 갈망했던 깊이 있는 관계를 스스로 멀리했다. 다른 이들에게 얻은 약간의 인정은 일시적인 만족감만 주었을 뿐 결국 심한 단절감을 느꼈다. 남들은 날 눈여겨보지 않고 내 말에 귀기울여주지도 않는다는 외로움에 젖었다.

나는 사랑받을 자격이 없고 내 욕구는 충족시킬 가치가 없다고 믿었기 때문에 이런 상황이 계속되도록 내버려뒀다. 그런데 어떤 이유로든 욕구가 충족되지 않으면 결국 타인과의 관계에서 이런 욕구를 충족시키려고 한다. 시간과 에너지를 모두 쏟으면서까지 어떻게든 다른 이들을 기쁘게 하려는 행동 패턴이 계속 이어지는 것이다. 그러다 보면 기진맥진한 상태가 되어버린다.

잘못된 규칙

어릴 때 사랑받는다는 기분을 느끼지 못했다면 지금 만나는 사람과의 관계에서 그때 못 받은 사랑을 얻으려고 할 가능성이 높다. 이런 행동을 하는 이유를 이해하고, 앞으로 나아가는 데 필요한 전략을 개발하지 않으면 이 패턴을 계속 반복하게 된다. 따라서 아직 어린 시절의 경험에 매달려서 현재의 생활에 영향을 미치고 있는 '내면의 아이' 문제를 해결해야 한다. 그래야 패턴에서 벗어날 수 있다.

> 정서적 욕구를 혼자 충족시켜야 하는 어린이 = 다른 사람에게 취약한 모습을 안 보이려고 애쓰는 성인.

내 행동 패턴을 이해하려고 어린 시절을 되돌아본 결과, 보호자들이 내게 필요한 정서적 관계를 제공하지 않았음을 깨달았다. 이건 그들의 잘못이 아니다. 그들도 본인의 어린 시절 경험을 바탕으로 행동했기 때문이다. 하지만 감정적인 욕구가 충족되지 않은 상태에서 나는 스스로를 '요구가 지나친 아이'라고 생각했고 내 요구가 남에게 부담을 줄까봐 걱정이 많았다. 그리고 결국 내 욕구를 감추는 법을 배웠다. 나는 스스로를 믿지 않았고 남들이 '괜찮다고 여기는 상태'를 유지하려고 다른 이들의 반응에 더 집중하게 되었다.

사실 내 요구가 지나쳤던 게 아니라 남들이 내가 온전한 모습으로 존재할 수 있는 기회가 충분하지 않던 게 문제였다. 나는 예민한 아이였기 때문에 사람들의 반응을 재빨리 알아차리고 거기에 비합리적인 의미를 부여해서 해석하곤 했다. 그리고 그 해석을 바탕으로 나만의 규칙을 만든 뒤 남들에게 내보이는 모습을 통제했다.

아이들은 자신의 경험에서 얻은 가정을 바탕으로 타인과의 관계에 적용할 규칙을 세운다. 어릴 때 '사람들은 모두 내 곁을 떠날 것'이라는 규칙을 깨우쳤다고 해보자. 부모 중 한쪽이 없었거나 반복해서 실망감을 안겨준 탓에 이런 믿음을 품게 되었을 것이다. 그래서 부모에게 의지할 수 없다고 느끼면 그 생각이 무의식적으로 미래의 관계에까지 이어진다.

> 조건부로 사랑받은 어린이 = 어떻게든 사랑을 받아야 한다고 느끼면서 스스로가 부족하다고 생각하는 성인.

거부에 대한 두려움을 먹고 자라는 HFA

HFA 증상이 있는 사람은 스스로를 '너무 예민하다'고 느끼는데 사실 민감성은 문제가 되지 않는다. 문제는 우리의 민감성에 대처할 적절한 도구가 없다는 데서 발생한다. 우리는 다른 사람에게 집중하면서 그에 대해 알게 되는데, 그 사람을 이해하는 과정 그 자체를 받아들이는 게 아니라 자신과 결부시켜서 개인적인 문제로 만든다. 그러면 이것이 우리 행동에 영향을 미친다.

직장에 출근했는데 매일 농담을 주고받으며 웃던 동료가 심각한 표정을 짓고 있다. 농담을 던져봤지만 시큰둥하다. 그러면 당신은 즉시 최악의 상황을 상상한다. '내가 혹시 그에게 상처가 될 만한 행동을 했는지', '왜 그가 더 이상 나를 좋아하지 않는지' 고민하기 시작한다.

당신이 남들보다 민감하기 때문에 동료가 평소와 다른 모습일 걸 알아차리고 무언가 다르다고 느낀다. 하지만 괜찮냐고 물어보는 대신 그 상황을 개인적으로 받아들여서 자기가 저지른 일 때문일 것이라고 가정한다. 결국 동료가 당신을 거부했다고 생각해서(실제로는 그런 일이 일어나지 않았는데도 불구하고) 마음의 문을 닫거나 동료를 원래 모습으로 되돌리려고 과잉 보상을 할 수도 있다.

사실 그 동료는 전날 밤에 잠을 잘 못 잤을 수도 있고, 곧 있을 회의 때문에 긴장했거나 사적으로 무슨 일이 생긴 것일 수도 있다. 이런 이유들은 당신과 아무 상관이 없다. 자신이 남들보다 예민하다는 사실을 깨달으면 많은 것이 바뀔 수 있다. 상황을 바라보는 방식을 바꾸면 엄청난 힘이 생긴다.

앞서 설명했듯이 HFA 증상을 지닌 사람은 일시적이라도 본인이 괜찮은 사람이라는 기분을 느끼려고 노력하지만 자신을 있는 그대로 받아들이기 전까지는 스스로를 괜찮은 사람이라고 느끼지 못한다. 그래서 자신이 불행해지더라도 타인의 인정과 승인에 대한 욕구를 충족시킬 방법을 애타게 찾는다.

우리의 가치는 그것을 평가하는 타인에 의해 결정되는 것이 아니다. 우리의 가치는 자신과 맺은 관계, 자신을 존중하는 방식, 자신의 욕구에 귀기울이면서 자신에게 필요한 것을 제공하는 방법, 그리고 자신에게 맞지 않는 에너지로부터 스스로를 보호하는 방법에서 비롯된다는 점을 기억해야 한다.

| 자기 성찰로 얻을 수 있는 것

이 문제와 관련해 누군가를 비난하려는 게 아니라는 점을 분명히 하고 싶다. 우리는 모두 인간이고 각자 자신만의 복잡한 욕구가 있지만 때로는 주변 사람들이 그런 욕구를 충족시켜주지 못할 때가 있다. 나는 자라면서 내가 누렸던 것들에 감사한다. 동시에 내가 무엇을 받지 못했는지도 잘 안다. 나는 분노에 가득 찬 청소년이었지만 동시에 내심 사랑을 갈구하는 아이였고 남들이 나의 내면을 봐주기를 간절히 원했다. 하지만 누구도 내 안에 들여놓지는 않았다.

지금 돌이켜보면 이런 행동이 거부에 대한 두려움에서 비롯된 것임을 안다. 나는 머릿속에 홀로 있는 법을 익혔고 내 생각을 남몰래 일기장에만 털어놓았다. 나는 가면을 쓰는 데 능숙해졌고, 타인의 인정을 받거나 내게 문제가 없다는 사실을 증명하기 위해 필요하다고 생각되는 모습만 선택해서 세상에 보여주었다.

내가 받아들이지 못하는 모습은 무시하거나 도망쳤고, 내 안에서 싸움이 벌어지고 있다는 건 깨닫지 못했다. 지금껏 읽어본 수많은 자기계발서에는 전부 자신을 사랑해야 한다고 적혀 있었다. 하지만 나에게 무슨 일이 일어나고 있는지 모를 때는 스스로를 사랑하는 일도 불가능하다. 내가 아는 한 내 욕구를 충족시킬 방법은 하나뿐이었다. 바로 사람들이 내게 원한다고 생각되는 것을 제공하는 방법이었다.

이 방법은 처음에는 효과가 있었지만 결국 그 효과도 사라졌다. 그래서 상황을 바꿔야만 한다는 사실을 깨달았다. 나는 우리가 겪는 일이 성장에 도움이 되고 더 깊은 이해로 이끌어준다고 진심으로 믿는다. 고치 속에서 풀려나기를 기다리는 나비처럼 우리도 변화할 준비가 될 때까지는 이 공간에서 시간을 보내야 한다.

살면서 때때로 과거를 돌아보고 그때 벌어진 이런저런 일을 현재와 연결시켰을 때 비로소 그 일이 이해되는 경우가 있다. 과거의 경험은 자신의 행동 패턴을 이해하는 데 도움이 되며 앞으로 나아가는 데 필요한 통찰력 있는 선택권을 준다. 그 과정에서 나를 삼켜버릴 것 같은 막막함을 맞닥뜨릴 수도 있다. 하지만 자기 성찰을 통해 발전시킨 회복력은 우리가 인생길을 계속 걸어갈 수 있는 힘과 용기를 준다.

자신이 어떤 사람인지 알 때 생기는 힘

HFA는 공인된 정신 건강 진단이 아니기 때문에 HFA를 이해하고 관리하는 방법에 대한 정보가 적다. 나는 이 책에 제시한 5단계 가이드를 통해 이런 상황을 바꾸고자 한다. 그리고 내가 말하는 변화는 단순히 겉으로 드러나는 부분에서의 변화가 아니라 이해에 관한 변화다.

남에게 짐이 된다는 생각 때문에 자신을 위한 공간을 마련하는 데 어려움을 겪고 있으면 주변과 관계를 맺는 방식에서 이런 생각이 은연중에 드러난다. 좁디좁은 공간에 스스로를 가두면서 자신의 세계를 넓히는 것을 허용하지 않는다. 태어날 때부터 그랬던 게 아니라 이렇게 살아야 한다고 후천적으로 학습한 태도 때문에 이렇게 살아간다.

지금까지 반복해온 삶의 방식을 잊고, '나는 이래야만 한다'고 생각하는 방식에서 벗어나야 진정한 존재가 머무르는 공간과 다시 연결될 수 있다.

나는 22살에 난독증 진단을 받고 큰 충격에 휩싸였다. 석사 과정을 밟던 시절, 대학교 강사가 내가 처음으로 낙제점을 받은 에세이에 관해 이야기하자고 해서 그와 마주 앉았던 때가 기억난다. 나는 미리부터 최악의 상황을 상상하면서 내가 얼마나 멍청한지 강사가 알아차렸으니 이제 석사 과정에서 쫓겨날 것이라고 생각했다. 하지만 강사는 "랄리타, 당신이 쓰는 표현과 문장에 대해 조언해준 사람이 있나요?"라고 물었다.

그 말을 듣고 나는 자제력을 잃고 엉엉 울었다. 내가 힘들어하고 있는 걸 누군가 알아줬다는 안도의 눈물인 동시에 실패자로 밝혀진 것에 대한 부끄러움의 눈물이었다. 내 양면성이 훤히 드러난 강렬한 순간이었다. 강사가 관심과 배려를 담아 말해준다는 점이 느껴져서 기분이 좋았지만 다른 한편으로는 어떻게든 '부족한 나'를 숨기려고 안간힘을 썼다.

내게 난독증이 있다는 사실을 알게 된 후 그 증상을 자세히 이해하려고 여러 조사를 해봤다. 하지만 난독증 진단을 받았다는 사실은 아무에게도 말하지 않았다. 그러다가 문득 내가 그동안 이 문제에 대처할 방법을 찾아내서 어떻게든 세상을 읽고 해석해왔다는 사실을 깨달았다. 고등학교와 대학교에서는 남들보다 열심히 공부해야 했고, 머릿속에 무언가를 담기 위해 몇 시간씩 애를 써야 하는 데 비해 모든 걸 너무 쉽게 이해하는 것처럼 보이는 다른 학생들과 나를 끊임없이 비교했다. 곰곰이 생각해보면 이런 상황이 내 자존감과 자신감에 얼마나 나쁜 영향을 미쳤는지, 그리고 내가 성취를 위해 노력하는 동안 왜 계속해서 내 행동을 감춰왔는지 알 수 있었다.

성취에 대한 열망 때문에 공부를 계속했고 결국 박사 학위 과정을 시작했다. 하지만 박사 학위를 받은 뒤에야 비로소 주의력 결핍 과잉행동 장애ADHD 진단을 받았다. 이때도 충격을 받았지만 한편으로는 '나 때문이 아니었어', '내가 문제였던 건 아니야'라고 생각하며 안도감을 느꼈던 기억이 난다. ADHD라는 꼬리표 덕에 내 마음과 내가 일하던 방식을 이해하게 되었고 나 자신을 받아들일 수 있게 되었다.

마침내 모든 상황이 이해되었고 내게 문제가 있다면서 스스로를 부끄럽게 여기는 짓을 그만두게 되었다. 시험에서 최고 성적을 받기 위해 얼마나 열심히 노력해야 했는지 떠오르자(최고의 성적을 유지하려고) 학교가 내 ADHD 증상을 이해해주지 않은 것에 화가 났다. 나는 언제나 규칙을 잘 지키는 착한 학생이었다. 물론 이런 행동은 칭찬을 받았고 그래서 계속 착하게 행동했다.

자신이 어떤 사람인지 알아야 현실적이고 확실한 방식으로 타인과 소통하거나 관계를 맺을 수 있다. 그렇지 않으면 민감한 반응을 보이거나 극도의 불안감을 느끼게 된다. 자신이 누구인지 알아야 힘이 생긴다는 이야기다.

HFA의 7가지 대표적인 증상

HFA의 증상과 특징, 그리고 우리에게 영향을 미치는 다양한 방식을 알아야 HFA 진단을 내릴 수 있다. 또 증상, 특징, 영향을 주는 방식을 이해해야 수용도 가능하다. 나는 내담자를 판단하려고 하지 않는다. 호기심을 품은 채 가만히 앉아서 내담자가 자신을 이해하도록 돕는 방법을 적용한다. 때로는 거울만 있어도 우리가 어떤 감정을 느끼는 이유를 알 수 있는 것처럼 말이다.

이제 HFA의 7가지 주요 심리적 증상(각 증상의 정신적·육체적 영향도 함께 살펴본다)과 그 증상들이 우리의 일상에서 어떻게 나타나는지 살펴보자. 증상이 나타났을 때 바로 알아차릴 수 있도록 '내가 부족한 사람처럼 느껴진다'라는 소제목 아래에 구체적인 예시를 들어놓았다.

HFA 증상 1: 완벽주의

완벽주의 혹은 완벽주의자로 살아가는 것은 우리가 세상에 자신을 드러내는 방식에 관한 문제다. 우리는 높은 기준을 정해두었고 원하는 결과를 달성하는 방법에 관해서도 엄격한 기대와 구체적인 생각을 갖고 있다. 왜 그럴까? 자신이 괜찮은 사람이라는 것을 모두에게 보여주고 싶은 마음이 있기 때문이다.

완벽주의자는 의욕적이고 체계적이며 신뢰할 만하다는 특성이 있지만 기대가 충족되지 못하면 지나치게 비판적인 태도를 취한다. 완벽주의는 불안의 한 증상이다. 실패나 거부에 대한 두려움에 뿌리를 둔 경우가 많으며, 그런 두려움과 불안이 행동의 동기가 된다. 하지만 문제는 세상에 완벽한 것은 존재하지 않는다는 데서 발생한다.

최근에 사업을 시작하고 싶은데 아직 시작하지 못한 내담자와 이야기를 나눴다. 사업을 시작하지 못한 이유를 물어보니 본인이 완벽주의자기 때문이라고 했다. 그게 무슨 뜻인지 궁금해서 "때로는 완벽주의는 깊은 두려움에서 비롯되는 경우도 있어요"라고 말했다.

그는 두려운 게 전혀 없다고 주장했지만 대화를 계속할수록 무언가를 두려워한다는 사실이 명확해졌다. 남들 눈에는 항상 강하고 독립적인 사람처럼 비쳤지만 자신에게 씌워진 평가 즉, '일을 훌륭하게 해낸다'라는 사람들의 인식을 깨고 싶지 않아서 실패가 두렵다고 했다.

사업이 실패할지도 모른다는 두려움은 '완벽하지 않은 사람'처럼 보이는 게 싫어서 생긴 두려움이었다. 그래서 사업을 시작하지 않고

(충분히 할 수 있는데도 불구하고) 그냥 지금과 같은 상태에 갇혀서 안전하게 머무르는 쪽을 택했다. 실패에 대한 두려움과 거기서 비롯된 완벽주의가 발목을 잡은 것이다.

이처럼 어떤 완벽주의자는 실패가 두려운 나머지 지금 당장 해야 할 작업을 시작하지 못한다. 실패에 대한 두려움과 사람들이 자신을 비판할 것이라는 걱정 때문에 최고의 작품 발표를 거부한 우리 시대의 가장 위대한 성취자들에게서도 이런 모습을 찾아볼 수 있다.

HFA를 앓는 사람은 극도로 예민하게 세상을 탐색하기 때문에 마음속에 많은 층위가 존재한다. 우리의 행동과 반응, 자신을 표현하는 방식은 과거의 경험에서 배운 것을 토대로 하며 우리를 안전하게 보호하도록 설계되었다. 우리는 심지어 자신이 '부족하다'고 느낀다는 사실조차 깨닫지 못한다. 그저 무언가가 썩 괜찮지 않다는 것만 알 뿐이다. 그렇기 때문에 더욱 의식적으로 마음속에 겹겹이 쌓인 층위를 파고드는 노력을 해야 한다.

내가 부족한 사람처럼 느껴진다

대화를 나누고 있는데, 내가 말하는 동안 당신이 시선을 이리저리 돌리거나 주의가 산만해 보였다고 가정해보겠다. HFA를 앓는 완벽주의자인 나는 말하는 내용이나 대화 방식을 바꿀 것이다. 당신이 내가 말하는 내용에 관심이 없는 듯 보이기 때문이다. 하지만 그건 내 생각일 뿐이다. 당신은 그저 피곤하거나 나와 아무 상관도 없는 일 때문에 주의가 산만해진 것일 수 있다.

그러나 나는 내가 모든 능력을 다 갖춘 '완벽한 사람'임을 증명하고 싶다. 그것이 내 통제욕의 일부기 때문이다. 그래야 내가 괜찮은 사람이고 아무 문제도 없다는 기분이 든다. 물론 속으로는 그게 사실이 아님을 알고 있지만 말이다. 이는 임시방편이다.

완벽주의자가 된다는 건 자신을 있는 그대로 표현하지 않는다는 뜻이다. 내 진짜 모습이 아니라 다른 이들에게 인정받는 데 필요하다고 생각하는 모습을 보여준다. 그런 식으로라도 인정받으면 기분이 좋아진다. 외부의 인정을 바랄 때는 다른 사람에게 우리의 가치를 판단할 권한을 건네주게 된다. 이제 타인에게 넘겼던 권한을 되찾아야 한다.

HFA 증상 2: 파국화

파국화는 어떤 행동이나 사건을 통해 벌어질 수 있는 최악의 결과를 상상하거나 상황이 실제보다 훨씬 나쁘다고 믿는 것이다. 이는 인지 부조화 또는 왜곡된 사고의 한 형태다. 이렇게 최악의 상황을 상상할 때는 특정 시나리오를 과도하게 분석하고 나쁜 일이 일어날 가능성을 과대평가한다. 이런 쪽으로 생각이 쏠리면 두려움, 불안감, 압도감, 혼란 상태에 빠진다.

프레젠테이션을 앞두고는 누구나 긴장을 한다. 하지만 목소리가 안 나오거나 프로젝터가 작동하지 않거나 청중들이 자신을 비웃는 모습을 상상하면서 부정적인 시나리오를 머릿속에서 반복 재생하면 어떨까? 일이 잘못되는 상상을 자꾸 한 탓에 실제로 프레젠테이션을 할 때는 몸이 이미 불안한 상태가 된다. 부정적인 감정과 연결된 상황을 미리 상상하면 불안감이 더 악화된다. 상상력이 제멋대로 힘든 길을 택하기 때문이다.

파국화는 비판에 대한 두려움에서 비롯된다. 또한 거부에 대한 두려움 때문에 생긴다. 이런 두려움은 우리를 제약하여 잠재력을 최대한 발휘하지 못하도록 방해한다.

열 걸음 앞서 생각하면서 최악의 상황을 상상하는 이유는 그런 생각과 상상이 '나'를 안전하게 지켜주기 때문이다. 가능한 모든 시나리오에서 잘못될 수 있는 부분을 전부 식별해낼 수 있다면 그 상황을 미리 대비하고 피할 수 있다. 이렇게 모든 상황에 과도하게 대비하는 이유는 무엇이든 잘할 수 있다고 느끼면서 곤란에 빠지지 않기 위해서다. 하지만 이런 경우, 잘못될 상황에서 벗어날 방법만 궁리하기 때문에 좋은 기회를 잡을 수가 없다. 두려움이 우리가 갈 길을 인도하도록 내버려두기 때문이다.

우리는 고통, 수치심, 죄책감, 당혹감 같은 감정을 다시 느끼지 않고 싶어서 이렇게 생각하고 행동한다. '다시'라고 말한 것이 중요하다. 과거에 이런 감정을 이미 느껴봤는데 그때 기분이 별로 좋지 않았으므로 현재에 이르러 그런 감정을 피할 방법을 찾고 있기 때문에 '다시'라는 표현을 썼다. 날카로운 칼을 만지다가 손가락을 벤 뒤에 배우는 교훈과 같은 유형의 경험이다. 다시는 다치고 싶지 않기 때문에 날카로운 칼을 사용할 때 더욱 조심하는 것처럼 말이다. 우리 뇌는 칼과 통증을 연관시켜서 칼을 위험한 물건으로 인식한다. 수업 시간에 어떤 이야기를 했는데 누군가 비웃어서 당황스럽고 부끄러운 기분을 느꼈다면 다시는 그런 기분을 느끼지 않으려고 수업 시간에 발표하는 걸 피하는 것과 같다.

그러나 최악의 상황을 상상하면서 그 생각에만 너무 골몰하다 보면 실제로 존재하지 않는 경계와 감정이 생기기 시작한다. 그리고 우리 몸은 실제와 상상의 차이를 모르기 때문에 최악의 상황을 상상하면 그런 상상 속의 감정을 실제로 경험하고 있다고 여긴다.

예를 들어, '이 시험을 망칠 것 같아. 그러면 대학교에도 못 들어가고 직장도 못 구하겠지', '이번 프로젝트를 완벽하게 해내지 못하면 승진하지 못할 테고, 그러면 직장에서 낙오자가 될 거야', '좋은 인상을 주지 못하면 다들 날 비웃고 따돌리겠지' 같은 생각을 하면 우리 몸은 이런 일이 실제로 일어나고 있다고 여겨서 어떻게든 그 상황을 피할 방법을 가르쳐서 우리 자신을 안전하게 지키려고 애쓴다.

내가 부족한 사람처럼 느껴진다

밤에 외출할 때 입으려고 화려한 색의 옷을 구입했다고 해보자. 그런데 누군가 비슷한 옷을 입었을 때 친구가 그 옷에 대해 부정적인 말을 했던 게 기억난다. 그 친구가 내 옷을 보고, "그걸 입고 온 거야?

색이 너무 밝지 않아?"라고 말하는 걸 상상해보자.

상상하는 그런 일이 아직 일어나지 않았는데도 벌써 당황스럽고 속상한 기분이 든다. 당신은 이미 최악의 상황을 가정하고 친구가 하지도 않은 비판을 상상하면서 지나치게 고민하고 있다. 그러다가 진짜 외출 준비를 할 시간을 맞이하면 그런 부정적인 감정을 '다시' 느끼고 싶지 않아서 불안해진다. 그래서 결국 새로 산 옷을 입지 않기로 한다.

열 걸음 앞서 나간 생각은 많은 불안과 두려움을 낳는다. 이는 곧 자신이 본래 살아야 할 방식대로 살고 있지 못하다는 뜻이기도 하다. 다른 사람들의 생각에 지나치게 신경 쓰는 것이다. 하지만 우리는 이런 과도한 생각에 더 이상 방해받지 않는 방법을 배울 것이다. HFA 도구 키트를 종합적으로 정리하는 3단계와 건전한 경계 설정에 대해 살펴보는 4단계에서 구체적인 방법을 알려주겠다.

| HFA 증상 3: 비판에 대한 두려움

비판에 대한 두려움은 다른 사람들이 나를 어떻게 생각할지 너무 걱정하는 데서 비롯된다. 우리는 남들이 자신을 '나쁘게' 여기는 걸 원치 않기 때문에 타인이 우리 가치를 정의하도록 허용한다. 우리는 다른 이들에게 얽매인 채 그들이 보고 싶어 할 것이라고 생각되는 기준에 따라 선택을 내린다.

우리는 항상 무언가에 실패할 것이고, 우리를 좋아하지 않는 사람들도 늘 있다. 하지만 그런 것에 너무 신경 쓰지 말아야 한다. 그렇지 않으면 끊임없이 외부의 검증에 목매는 삶을 살게 된다.

비판에 대한 두려움은 사회에서 어떻게든 살아남고자 하는 욕구와 관련이 있다. 선사시대에는 무언가 부족한 사람이라는 비판보다 호의적인 평가를 받아야 생존 가능성이 더 높았을 것이다. 오늘날에도 마찬가지다. 업무를 성공적으로 처리하면 경력을 쌓는 데 도움이 되지만 성과가 좋지 않으면 해고되거나 지위가 강등될 위험이 있다.

모든 사람이 우리를 좋아하거나 좋게 평가해주리라는 기대, 우리가 시도하는 모든 일이 성공하리라는 기대는 실현 불가능한 기대다. 그런 사람이 되려고 애쓰다가 곤란한 상황에 빠지지 말자. 인생은 기대한 것처럼만 돌아가지 않고, 우리는 그런 시답잖은 기대보다 훨씬 가치 있는 사람이다. 실패하지 않으려고 자신을 억제하거나 모험하지 않을 때보다 오히려 실패를 통해, 쓰러졌다가 다시 일어나는 경험을 통해, 훨씬 많은 걸 배울 수 있다. 실패는 자신의 회복력이 어느 정도고 진정으로 할 수 있는 것이 무엇인지 배우는 기회를 준다. 통제할 수 없는 것을 붙잡으려고 애쓰기보다 흐름에 몸을 맡기는 편이 낫다.

내가 부족한 사람처럼 느껴진다

당신이 어떤 과수원의 나무라고 상상해보자. 모든 나무가 아름다운 꽃을 피운 뒤 사랑스러운 열매를 맺는 사과나무다. 하지만 당신은 다르다. 꽃도 다르고, 열매도 다르고, 모양이나 냄새도 다르다. 그렇다. 당신은 오렌지나무다.

당신은 사과나무들이 당신을 어떻게 생각할지 너무 걱정된 나머지 오렌지나무의 본성을 숨기고 다른 나무들처럼 사과 열매를 맺으려고 애쓴다. 하지만 당신은 오렌지나무기 때문에 헛된 노력을 기울이는 기분이 든다. 그들과 똑같아질 수 없다는 걸 스스로도 안다.

당신은 이런 실패에 대한 두려움 때문에 자신을 더 몰아붙이면서 과수원에서 가장 좋은 사과를 생산하려고 애쓰는(고기능) 동시에 근사한 오렌지나무로서의 자아를 숨긴다. 자신의 진정한 모습을 평가받고 싶지 않아서 그렇게 행동한 것이다. 하지만 당신은 사과나무가 아니라 오렌지나무다. 이런 거짓된 모습을 영원히 유지할 수는 없다. 오렌지나무가 사과 열매를 맺으려고 애쓰는 삶은 자연스러운 존재 상태가 아니며, 장기적으로 해로운 영향을 끼칠 것이다.

| HFA 증상 4: 예기 불안

'예기 불안'은 발생 가능한 나쁜 일에 대한 두려움과 걱정을 설명하는 용어다. 예기 불안은 다양한 상황에서 경험할 수 있지만 일반적으로 예측이나 통제가 불가능한 상황과 관련이 있다. 예기 불안에 시달릴 때는 최악의 시나리오를 상상하는 데 많은 시간을 쏟는다. 이런 원치 않는 결과에 지나치게 집중하면 좌절감과 절망감이 커진다.

물론 다들 구직 면접, 첫 데이트, 학교 시험, 중요한 여행 등을 앞두고 한 번쯤은 예기 불안을 겪어봤을 것이다. 하지만 예기 불안이 일상의 일부가 되면 심신을 약화시킨다. 예기 불안은 미래에 대한 걱정과 두려움이다. 다시 말해, 나쁜 일이 일어나거나 계획한 일을 성공적으로 달성하지 못할 수 있다는 두려움, 그리고 곤란한 결정이나 행동, 상황을 예상하면서 느끼는 불안감을 뜻한다.

예기 불안을 느끼면 자신이 두려워하는 경험을 피할 방법을 찾으려고 애쓰다가 지친다. 이는 단순히 심장이 벌렁거리거나 약간 걱정이 드는 수준을 훨씬 뛰어넘는 감정이다. HFA를 앓는 사람은 사건이 발생하기 전부터 극도의 불안감을 느끼고, 공포감 때문에 아드레날린이 대량으로 분비되면서 명료한 사고를 못한다.

이 상태에서는 제대로 기능하기가 어렵고, 앞서 설명했던 파국화와 일어날 가능성이 있는 일에 대한 걱정 부분에서 살펴본 것처럼 다양한 시나리오를 떠올리면서 생각이 열 걸음 앞서 나가게 된다. 하지만 우리 몸은 불안을 느끼고 싶어 하지 않고 불안으로부터 우리를 보호하려고 한다. 그래서 어떤 일이 일어날지도 모른다는 이유로, 평소라면 했을 일을 하지 못하도록 가로막는다.

내가 부족한 사람처럼 느껴진다

최근에 연인이 약간 다른 데에 정신이 팔려 있는 것 같아서 그 이야기를 꺼냈더니 상대방은 아무 문제도 없다고 주장했다고 가정해보자. 하지만 당신은 그 말을 믿지 않고, 상대방이 관계를 끝내고 싶어

한다고 걱정한다. 곧 나누게 될 이별 대화에 대한 상상을 멈출 수가 없다. 연인과 헤어진다는 생각만 해도 몸이 안 좋아지고 먹고 자는 데에도 지장이 생긴다. 하지만 이것이 자신의 과도한 민감성 때문이라는 사실을 깨달으면 이 패턴이 시작되기 전에 불안감을 멈출 수 있다.

| HFA 증상 5: 지나친 책임감

책임감이 강한 사람은 다른 사람에게 관심이 많고 헌신적이며 의지할 수 있는 사람으로 간주되곤 한다. 하지만 이런 태도가 도를 지나치면 과도한 책임감으로 발전한다. 책임감이 과도한 사람은 갈등, 비판, 거부, 실망, 손실을 최소화하거나 제거하기 위해 다른 사람의 욕구를 우선시하면서 본인의 욕구는 억누른다.

또 책임감이 과한 사람은 다른 이들을 잘 신뢰하지 못하고 본인이 직접 책임지는 것을 선호한다. 안 해도 될 일인데 타인을 위해 과도한 책임과 부담을 짊어지는 경우도 많다. 거부당하는 게 두려워서 누군가를 실망시키지 않으려고 하고, 자기 책임이 아닌 문제도 해결해야 한다고 느낀다. 그래서 계속 주위를 맴돌면서 "제가 할 수 있어요"라고 말한다. 자신이 이런 문제를 모두 처리할 수만 있다면 모든 것이, 모두가 '괜찮을 것'이기 때문이다.

HFA 증상을 지닌 사람의 과도한 책임감은 다른 사람을 기쁘게 하거나 돌봐주고 싶다는 욕구에 뿌리를 두고 있다. 이런 욕구는 대개 사랑과 인정에 대한 깊은 욕구에서 비롯된다. 그러면 누구의 요청도 거절하고 싶지 않다는 패턴에 갇히게 된다. 거절할 경우 그 일이 우리 책임이 아니더라도 상대방을 실망시키게 되기 때문이다.

또 나서서 책임을 지면 사람들이 우리를 좋아하고 우리가 하는 일을 인정해주므로 외부 승인에 대한 욕구도 충족된다. 온갖 일을 다 떠맡아서 제대로 처리하면 남들 눈에 괜찮은 사람처럼 비춰지는 기분이 든다. 그리고 이런 기분을 다시 느끼려면 기대 이상의 성과를 올려야 한다는 걸 깨닫는다. 결국 인정 욕구를 충족시키기 위해 반복되는 행동 패턴이 생겨난다.

내가 부족한 사람처럼 느껴진다

직장 상사가 어떤 일을 맡아 달라고 요청한 상황이다. 당신이 그 일을 받아들이자 팀 회의 시간에 상사가 다른 일까지 맡겼다. 당신은 이미 그날 일정이 꽉 차 있고 퇴근 후 친구들과 만날 약속까지 있지만 상사를 실망시키거나 팀원들의 부정적인 평가를 받고 싶지 않아서 거절하는 것이 꺼려진다.

동시에 친구들을 실망시키는 것도 싫어서 약속을 취소하고 싶지 않다. 그래서 감당할 수 있는 수준 이상의 일을 맡은 당신은 당황스럽고 지친 기분으로 친구들을 만나러 갔다가 집에 돌아와 일을 좀 하고, 다음 날 일찍 일어나 일을 마무리하려고 한다. 당신이 이 일에 얼마나 많은 시간을 들였는지 아무도 모른다. 그저 지금 너무 피곤하고 쳇바퀴를 영원히 돌리는 햄스터가 된 듯한 기분이 든다.

그러나 이런 상태가 장기적으로 지속될 수는 없기 때문에 어느 지점에서 과도한 책임감이 무너지게 된다. 자신이 관리할 수 있는 일의 한계를 깨닫고 그 한계를 지켜야 한다.

HFA 증상 6: 과도한 성취

대부분의 사람들에게 목표를 정하고 달성하는 것은 삶의 일부분이다. 보상이나 성취를 위해 노력하면서 큰 만족을 얻을 수도 있다. 하지만 HFA 증상을 지닌 사람의 경우 목표 달성은 외부의 인정을 받고자 하는 욕구를 충족시키려고 정해놓은 프로세스의 일부일 뿐이다. HFA를 앓는 사람들은 자신이 한 일을 제대로 인식할 시간도 없고 점점 더 많은 일을 맡는 걸 멈추지도 못한다. 그들 내면의 공허함은 단순히 무언가를 성취하는 것만으로는 채워질 수 없기 때문이다.

HFA를 앓는 사람이 목표 달성을 통해 경험하는 긍정적인 감정은 개인적인 자부심이나 성취감이 아니라 다른 사람들에게 받는 칭찬에 의존하기 때문에 일시적이다. 그래서 이런 잘못된 인식에 근거한 패턴이 계속 이어진다.

우리가 계속해서 무언가를 이룬다면 다른 사람들이 우리를 좋아하고 우리가 하는 일을 인정해줄 테다. 또 모든 상황을 통제하면서 일이 제대로 이루어지게 할 수 있다면 그런 성취를 통해 자신이 '괜찮은 사람'으로 받아들여진다고 느낀다. 그래서 이런 기분을 느끼기 위해 기대 이상의 성과를 내야 한다고 생각하게 된다.

내가 부족한 사람처럼 느껴진다

루시라는 내담자는 회사에서 수석 컨설턴트로 일한다. 그는 누구보다 젊은 나이에 그 자리에 올랐기 때문에 남들은 그를 롤모델로 여기곤 한다. 하지만 루시의 머릿속은 자기 회의와 걱정으로 가득 차 있고, 회의를 주관하고 준비하는 데 많은 시간을 쏟곤 한다. 겉으로는 차분하고 체계적이고 자신감 넘치는 사람처럼 보이지만 보이지 않는 곳에서 얼마나 많은 노력을 들이는지 아무도 알지 못한다.

루시는 내심 자기는 아무것도 아닌 존재라고 생각한다. 자신을 다른 컨설턴트들만큼 훌륭하지 않다고 여기기 때문에 리더십에 관한 책을 많이 읽는다. 또 본인이 부족하다는 생각 때문에 자기가 지금의 직위를 맡을 자격이 있는 '능력 있는 사람'임을 증명하려고, 처리할 수 있는 것보다 많은 일을 맡는다. 그리고 사람들과 어울리고 싶어서 시간이 없어도 업무와 관련된 행사에 전부 참석한다. 사람들은 그를 명랑하고 수다스러운 사람으로 여기기 때문에 루시가 대화를 이어가려고 애쓴다는 사실이나 행사를 끝까지 버틸 에너지와 자신감을 얻기 위해 술을 마신다는 사실은 눈치채지 못한다.

루시는 이룬 것이 많은 사람이지만 자신이 부족하다고 느끼는 지점에서 잘못된 깨달음을 얻는다. 그래서 자신의 진짜 감정에 상관없이, 다른 이들에게 자신의 가치를 증명하기 위해 더 많은 일을 떠맡으면서 과잉 행동을 하게 된다. 그의 싸움은 자기 자신과의 싸움이다.

HFA 증상 7: 통제 욕구

어떤 사람은 인생의 모든 부분을 통제해야 한다는 욕구를 충족시키는 데 정신을 빼앗긴 채 살아간다. HFA 증상을 지닌 사람은 일이 계획대로 진행되지 않거나 예상치 못한 변화가 발생했을 때 잘 대처하지 못한다. 그들은 고도로 조직적이고 체계적이며 자제심이 강한 경향이 있어서 예측 가능성과 체계 안에서 편안함을 찾는다.

통제감을 느끼고 싶은 욕구는 자기 신뢰가 부족한 탓에 발생한다. 주변의 모든 것을 통제해야 마음이 안정된다. 다른 사람이 자기와 다른 방식으로 일을 처리하는 걸 신뢰하지 않는다. 통제권을 포기하는 건 어렵다. 요즘처럼 불확실한 시대에는 통제권을 쥐고 있어야 더 안전하다고 느낀다. 그래서 결과와 상황, 다른 사람의 반응, 심지어 환경까지 통제하려고 한다. 상황이 불확실할수록 그 상황을 통제하려고 하는 경향이 강화된다.

이런 패턴에 빠지는 이유는 힘든 감정을 피하려고 하기 때문이다. 예컨대 본인 삶에서 어떤 영역을 잘 통제하지 못한다고 느끼면 불안해질 수 있다. 그러면 우리는 통제 가능한 것에 더욱 집착하게 되고, 이 부분을 관리하는 데 도움이 되는 행동을 취한다.

이것이 우리가 필요한 지원을 받지 못하는 세상에 대처하는 방식이다. 이런 행동은 안도감을 주거나 힘든 감정을 피할 방법을 제공한다. 하지만 안도감은 일시적일 뿐이다. 조만간 그 힘든 감정이 다시 찾아와서 그 일을 다시 해야 한다고 느끼게 되기 때문이다. 이 패턴에서 벗어나는 건 어렵지만 적절한 도움을 받으면 극복할 수 있다.

내가 부족한 사람처럼 느껴진다

선로를 따라 열차를 몰고 간다고 상상해보자. 열차에는 다른 사람들도 타고 있다. 모두 운전을 도와줄 수 있지만 당신은 항상 본인이 운전을 해야 한다고 생각한다. 그래서 휴식을 취하거나 다른 작업을 할 수 있도록 도와주겠다는 제안을 모두 거절한다. 그리고 지쳤는데도 운전을 계속하면서 어떤 도움도 받지 않으려고 한다.

운전대를 포기한다는 건 상황과 목적지에 대한 통제권을 포기한다는 뜻이다. 만약 다른 사람이 열차를 너무 빨리 모는 바람에 열차가 탈선한다면? 그들이 당신에게 말도 없이 다른 목적지로 향하는 선로를 택한다면? 결코 안심할 수 없다. 그래서 주변 사람들을 믿지 않고, 외롭고 힘들어도 기차가 고장날 때까지 계속 혼자서 운전을 하는 것이다. 통제권을 유지하는 편이 더 낫고 여기기 때문이다.

지금까지 HFA의 7가지 증상을 살펴봤다. 이 증상들 가운데 당신에게 해당되는 것이 있는가? 위의 사례 가운데 자신의 행동과 비슷한 내용이 있는가? 아마 전부 다 익숙한 기분이 들었을 것이다. 이 7가지 증상은 서로 연결되어 있기 때문이다. 전부 우리가 어릴 때 느끼지 못했던 편안한 기분을 느끼고자 하는 욕구와 관련이 있다. 가끔씩 이런 기분을 느끼는 건 정상적인 일이지만 항상 그런 상태로 지내는 건 정상이 아니다. 몸과 마음이 버티지 못하고 지치게 된다.

우리를 둘로 분열시키는 HFA

전부 타당한 이야기처럼 들리겠지만 이를 어떻게 본인에게 적용할 수 있을까? 자, 조금 더 자세히 살펴보자. HFA를 앓는 사람은 세상에 보여주는 부분인 '학습된 측면'과 숨기고 있는 부분인 '그림자 측면', 이렇게 두 가지 면을 지니고 있다. '학습된 측면'(고기능 측면)을 통해 남들의 인정을 받으면 안전하다는 기분과 통제력을 느낀다. 모든 두려움과 걱정, 불안은 '그림자 측면' 안에 숨겨둔다. 우리의 그림자는 항상 우리 옆에 존재하지만 태양이 빛날 때까지는 눈에 띄지 않는다. 오른쪽의 표는 이런 양면성이 어떻게 드러나는지 보여준다.

처음 HFA와 관련된 내 경험을 이해하려고 했을 때는 나의 그림자 측면을 마주하고 싶지 않았다. 불안을 느끼는 것이 부끄러워서 사람들이 좋아하고, 인정하고, 가치 있다고 여길 만한 것들만 세상에 보여주었다. 물론 누구나 어느 정도는 그렇게 행동한다. 하지만 완벽한 모습을 보이면서 실패와 비판을 피하고 타인을 실망시키지 않으려다 보면 우리를 무너뜨릴 정도로 압박감이 커지는 순간이 온다.

우리의 진정한 자아를 무한정 가둬두는 일은 불가능하다. 자신의 욕망과 경계를 계속 무시하면 피로감과 불안감, 무언가 잘못되었다는 기분이 자꾸 든다. 그리고 책임을 지거나 큰 성공을 거두거나 항상 '차분한 태도'를 보이는 등 처음부터 긍정적인 행동을 취한 이들이 결국 우리를 따라잡을 것이다. 하지만 지금보다 나은 삶의 방식이 분명히 있다. 두려움에 쫓기면서 살지 않고 현실에 뿌리를 내린 채 '자기

본연의 모습으로 존재할 수 있는 방식' 말이다.

 이번에는 HFA와 관련된 가장 일반적인 양면적인 행동 7가지를 살펴보면서 그 증상이 어떻게 발현되고 증상이 발현됐을 때 이를 어떻게 인지할 수 있는지 알아보겠다. 또 각 HFA 행동 유형을 분석하

학습된 측면 vs 그림자 측면

학습된 측면(우리가 보여주는 부분)	그림자 측면(우리가 숨기는 부분)
체계적인 모습	고민이 너무 많음
사교성	완벽주의자
근면함	자주 지친다
모든 마감을 지킨다	실패에 대한 두려움
높은 성취도	다른 사람을 실망시킬까봐 걱정됨
적극적인 태도	미루기
차분한 모습	수면 장애
초과 달성	부적합
성공	두려움
뭐든지 잘 해내는 것처럼 보임	선을 긋거나 거절하는 게 어려움
남을 기꺼이 도움	번아웃
공감적인 태도	과도한 책임을 지려고 함
문제 해결사	외로움

고 이런 행동이 우리에게 어떤 영향을 미칠 수 있는지 실제 내담자의 사례를 통해 설명한다. 지금부터 사라를 만나보자.

> ▶ **사례 연구**
>
> 로펌 임원인 사라는 업무 성과가 상당히 좋다. 하지만 나를 만나러 온 사라는 극심한 불안감 때문에 삶의 질이 저하되고 있다고 말했다. 지나친 생각에 시달렸고 이로 인해 자기 회의에 빠졌으며, 과도한 성취 욕구로 인해 종종 진이 빠지는 기분을 느꼈다.
>
> 사라는 평소 회사에서 프로젝트를 주도하지만 뒤에서는 일과 삶의 균형을 유지하려고 고군분투했다. 집에서도 밀린 업무를 처리해야 했기 때문에 하고 싶은 일을 할 시간이 없었다. 사라는 연차를 거의 쓰지 않았고 미리 여행 예약을 해둔 경우에만 휴가를 냈다.
>
> 겉으로는 많은 것을 이룬 성공한 사람처럼 보이지만 사라의 불안감이 직업적인 삶과 개인적인 삶을 모두 방해했다. 그래서 경계를 정하거나 죄책감을 억누르거나 애인과의 관계를 유지하는 데 어려움을 겪었다. 또 업무와 관련된 여러 가지 시나리오를 생각하느라 뇌가 닳는 기분이라는 말도 했다.

아래의 양면적인 HFA 행동 유형을 읽고 각 행동의 끝부분에 나오는 '자기 성찰을 위한 질문'을 스스로에게 던지면서 그 질문이 자신과 자신의 행동 패턴에 적용되는지 생각해보자. 스스로에 대한 새로운 사실을 발견하고 놀랄 수도 있다.

HFA 행동 유형 1
책임감이 과도한 사람 vs 모든 걸 관리할 수 있는 사람

외부에서 볼 때 자신과 자신의 삶, 그리고 다른 사람(또는 예산, 시스템, 팀 등)까지 책임진다면 모든 걸 훌륭하게 해내는 것처럼 보인다. 차분하게 상황을 통제하면서 여러 가지 일을 관리하는 사람인 것 같다. 책임감 있는 태도는 공감의 표시이자 사람, 상황, 사물에 관심이 있다는 증거다.

그러나 HFA를 앓는 사람들은 더 나아가 다른 사람의 업무나 실수, 심지어 감정까지 떠맡곤 한다. 본인의 욕구를 다른 사람들의 욕구에 맞추는 것은 우리가 스스로를 안전하게 지키기 위해 썼던 방식인데, 심지어 자기가 그렇게 행동하고 있다는 걸 깨닫지 못할 수도 있다. 하지만 계속 그런 방식을 취하다 보면 자신의 감정과 주변 사람들의 감정을 구별하기 어려워지고, 이 때문에 정서적인 피로가 쌓이고, 자아감이 모호해진다. 이것이 과도한 책임감이 유발하는 문제다.

책임감이 과도한 사람은 일이 잘못될 경우, 자신의 통제 범위를 벗어나 발생한 상황에도 죄책감을 느낀다. 자신에게 닥친 일을 모두 처리하고 해결하면서 깊은 만족감을 느끼지만 일을 너무 많이 맡으면 피로, 스트레스, 번아웃으로 이어질 수 있다. 책임감이 지나친 사람은 과한 부담을 느끼고 다른 사람 일에 신경을 끄는 게 어렵다.

▶ **사례 연구**

사라는 할 일이 너무 많다고 했지만 그 내용을 자세히 분석해보니 상당 부분이 다른 사람들을 위해서 하는 일이었다. 누군가가 일을 맡아 달라고 부탁하면 선을 긋는 데 어려움을 겪는 사라는 거절하는 것을 미안해했다. 그래서 그의 책상과 일정표가 다른 사람들이 맡긴 일로 가득 찰 때가 많았다. 한번은 병가를 낸 동료 때문에 상사가 업무 재분배에 골머리를 앓자, 사라가 동료의 업무를 전부 떠맡은 적도 있다. 그렇게 두 가지 일을 동시에 하는 바람에 결국 기진맥진해졌다. 이 문제를 논의할 때 사라는 상사가 안쓰러워서 그의 기분을 좋게 해주고 싶었다고 했다. 그리고 결국 자신의 안녕을 희생하면서까지 그렇게 하고 말았다.

분석

다른 사람의 책임을 떠맡는 것은 갈등 회피의 신호인 경우가 많다. 평화로운 상태를 유지하려고 노력할 때는 분노나 거부를 야기할 수 있는 힘겨운 대화나 대립을 감수하기보다는 자신이 원래 부담해야 하는 것보다 많은 부담을 짊어지는 편이 낫다. 이런 태도는 대부분 유년기의 환경에서 비롯되며 어른이 된 뒤에도 연애, 직장, 우정 등 성인기에 맺은 여러 관계에까지 영향을 미친다.

행동 패턴

과도한 책임감은 고치기 어려운 습관이다. 외적으로는 당신에게 의존하는 사람들에 의해 강화되고, 내적으로는 유능하다는 기분을 느끼거나 갈등을 피하고 싶다는 본인의 욕구에 의해 강화되기 때문이다. 하지만 책임을 많이 떠맡을수록 동시에 해야 하는 일이 너무 많아져서 빨리 지치고, 또 그중 하나라도 제대로 못 해내면 죄책감을 느끼게 된다. 이런 삶은 오래 지속될 수 없고 자신에게도 좋지 않다.

자기 성찰을 위한 질문
- 다른 사람의 일을 떠맡는 경향이 있는가?
- 사랑하는 사람이 불만스러운 태도를 보이면 그게 당신이 한 일 때문이라고 생각하는가?
- 다른 사람의 실수나 감정까지 떠맡곤 하는가?

HFA 행동 유형 2
조종자 vs 고성취자

앞서도 말했지만 HFA를 앓는 사람 중에는 성취도가 높은 사람이 많다. 그들은 조직 내에서 중책이나 영향력이 큰 직무, 높은 책임을 맡고는 한다. 일을 훌륭하게 해내고 무엇을 하든 항상 성공하는 것처럼 보이기 때문에 동료, 상사, 직원들에게 좋은 평가를 받는다. 하지만 내적으로는 삶의 한 측면이나 여러 측면 또는 모든 측면을 통제하려고 든다.

본인의 삶을 통제하는 건 긍정적인 상황일 수도 있지만 어떤 이들은 모든 것을 통제하려는 욕구 때문에 심신이 지치고 소모되는 상태에 놓인다. 통제 욕구는 사람마다 다른 방식으로 나타난다. 어떤 사람은 일이 계획대로 진행되지 않았을 때 대처하는 데 어려움을 겪는 반면, 어떤 사람은 자신이 느끼는 감정을 다른 사람에게 내보이는 걸 힘들어하기도 한다.

▶ 사례 연구

사라는 발생 가능한 모든 상황을 점검하느라 지쳤다고 했다. 한번은 상사가 사라에게 회의를 주관하라고 말하면서 회의 목적은 말해주지 않았다. 사라는 즉시 불안감을 느끼면서 자신이 일을 망쳐서 끝내 해고당하는 모습을 상상하기 시작했다.

그 회의가 무엇을 위한 회의인지 알았다면 미리 계획을 세울 수 있기 때문에 통제력을 느끼는 데 도움이 되었을 것이다. 하지만 목적을 모르는 상태에서는 회의를 성공적으로 진행할 수 있을지 의문이 들기 때문에 불안감이 커진다. 자신이 상황을 통제할 수 없다고 느끼고, 또 다른 사람들이 어떻게 생각할지 걱정이 들면 두려움이 더 심해진다.

분석

통제 욕구는 불확실성에 대한 두려움이나 자신의 삶이 통제 불능 상태라는 무력감 때문에 생긴다. 이 감정에 대처하는 한 가지 방법이 있다. 바로 통제 가능한 영역을 통제하는 방법이다. 불확실성은 우리 삶의 일부지만 어떤 사람들은 이를 잘 견디지 못해서 결국 자기 주변의 모든 것을 통제해야 한다는 강렬한 욕구를 느낀다.

또한 불확실성은 지나치게 걱정하거나 과도하게 고민할 여지가 많다는 뜻이기도 하다. 결과적으로 HFA를 앓는 사람은 걱정을 덜기 위해 최대한 많은 결과를 통제하면서 마음을 진정시키려고 애쓴다. 세상과 자신이 처한 상황을 통제할 수 없다고 느끼기 때문에 자기 자신과 기타 가능한 모든 것을 통제하려고 한다.

행동 패턴

작업을 완료해야 하는데 다른 사람을 신뢰하지 않는 경우에도 통제 욕구가 생긴다. 본인이 책임을 지고 모든 일을 다 하는 경우가 많다는 이야기다. 그리고 물론 그 일을 잘해내기 때문에 '성취도가 높은 사람'이라는 인식이 강해진다. 더 많이 통제할수록 더 많은 걸 성취하게 되므로, 많은 통제를 통해 많은 성취를 이루려는 끝없이 소모적인 악순환으로 이어진다.

자기 성찰을 위한 질문
- 자신이 하는 모든 일에 최선을 다하고 있다고 느끼는가?
- 다른 사람이 작업을 제대로 완료할 것이라고 믿는가?
- 혼자 일하는 편이 낫다고 생각하는가?

HFA 행동 유형 3
완벽주의자 vs 노력가

완벽주의자는 주변의 사물과 사람에 관심이 많고 상황을 잘 통제하며 책임감이 강하다. 다른 사람이 보기에 완벽주의자는 부지런하고 체계적이며 실수를 거의 하지 않고 세부적인 부분에까지 세심한 주의를 기울이는 사람처럼 보인다. 완벽주의자는 높은 기준을 세우고 노력하는 사람처럼 보이기 때문에 어떤 일이든 잘 해낼 것이라는 신뢰를 받는다.

완벽에 대한 열망이 긍정적으로 작동할 때는 성공의 원동력이 된다. 하지만 완벽주의가 건전하지 못한 방향으로 뻗어나가면 지속적인 불안감을 불러온다. HFA를 앓는 완벽주의자는 자신과 타인에 대해 비현실적으로 높은 기준을 정하고, 이 기준이 충족되지 않으면 불안, 불만, 분노를 느낀다. 또 그들은 자신의 결점을 빨리 찾아내고 본인의 실수에 지나치게 비판적인 태도를 취한다. 그래서 다른 사람의 칭찬을 받아들이거나 성공을 자축하는 데에도 어려움을 겪는다.

▶ **사례 연구**

사라가 처음 상담을 받으러 왔을 때 어떤 결과를 얻고 싶은지 물어봤다. 그는 "고장 난 부분을 고치고 싶어요"라고 말했다. "왜 본인이 고장 났다고 생각하나요?"라고 묻자, "저는 성공하지도 못했고 제 목표를 이루지도 못했으니까요"라고 답했다.

그러나 사라의 동료들은 그가 많은 성과를 이루었다고 생각했고 실제로 그는 업무를 잘 해내서 상을 받은 적도 있다. 사라의 반응을 자세히 살펴보니 그는 자신에게 매우 큰 기대를 걸고 있었고 이 기준에 도달하지 못하면 자신을 크게 책망했다. 사라는 자기 자비를 거의 느끼지 못했고, 많은 상황에서 내면의 비판자가 등장해 '너는 완벽하지 않아'라고 비난하는 것이 당연하다고 생각했다.

분석

정교하게 다듬어진 완벽주의자의 겉모습 뒤에는 다른 사람의 비위를 맞추려는 욕구가 숨어 있다. 완벽주의는 내면의 이상에 부응하려는 노력의 결과물인 경우가 많지만 다른 사람들이 나를 어떻게 생각할까 하는 두려움 때문에 생기기도 한다. 실패에 대한 뿌리 깊은 두려움도 완벽주의의 또 다른 원인이며 이는 삶의 모든 측면을 통제하려는 강박적인 욕구로 이어진다. 완벽을 위해 끊임없이 노력하는 것은 불확실성에 대처하기 위한 방어 기제다.

행동 패턴

HFA를 앓는 완벽주의자는 모든 사람의 비위를 맞추는 동시에 불가능할 정도로 높은 자신의 기준을 충족시키고자 하는 노력 때문에 육체적·정서적으로 지친다. 그러면 인간관계에 큰 타격을 입고 번아웃 상태에 빠질 수도 있다. 완벽주의자는 실패를 피하기 위해 일을 미루기도 하고, 일을 철저하고 올바르게 수행하는 데 너무 집중하느라 제대로 쉬지도 않는다. 언제나 해야 할 일과 완료해야 할 일이 남들보다 많은 것처럼 느껴지며, 이 때문에 끝없는 일의 굴레에 빠지는 악순환을 되풀이하게 된다.

자기 성찰을 위한 질문
- 다른 사람의 비판을 받는 것이 힘든가?
- 일을 쉬는 것이 힘든가?
- 자기 자신과 다른 사람에 대한 기준치가 높은가?

| HFA 행동 유형 4
지나치게 걱정하는 사람 vs 동요하지 않는 사람

어느 정도의 걱정과 의심, 불안은 우리 삶의 정상적인 일부분이다. 미납된 청구서, 곧 있을 취업 면접, 누군가와의 첫 만남에 대해 걱정하는 건 자연스러운 일이다. HFA를 앓는 사람은 겉으로는 자신만만하고 스트레스를 많이 받지 않는 것처럼 보인다. 그래서 걱정을 약간 드러내도 남들은 그냥 배려심 많고 부지런하면서 항상 침착하고 동요하지 않는 사람이라고만 생각한다.

그러나 겉보기에는 그럴지 몰라도 사실 머릿속으로는 모든 걸 과도하게 분석하고 있다. 모든 대화, 결정, 행동을 끊임없이 걱정한다. 이런 끝없는 걱정은 스트레스, 공황, 불안으로 이어지지만 겉보기에는 너무나 침착해 보이기 때문에 아무도 알아차리지 못한다. 그래서 고립감과 남들이 나의 진정한 모습을 받아들여주지 않을 것 같다는 기분이 들고, 수치심과 자신을 숨기고 싶은 욕구를 느낀다.

▶ 사례 연구

상담 중에 사라가 "제 뇌는 항상 켜져 있는데 다른 사람들은 그 사실을 모르는 것 같아요"라고 말했다. 하지만 그런 생각이 당혹스러워서 다른 이들은 이를 모르기를 바라면서 자신에게 무언가 문제가 있다고 느꼈다. 무슨 문제가 있는 것 같냐고 묻자 "아무도 저를 좋아하지 않아요. 저는 너무 지루한 사람이거든요. 사람들은 저를 재미없다고 생각할 거예요"라고 했다.

이런 내재된 믿음이 항상 사라를 따라다녔기 때문에 그는 거절에 대한 두려움을 품고 상황을 살피게 되었다. 한번은 친구를 만나 커피를 마시기로 했는데 친구가 약속에 늦었다. 사라는 친구가 도착하기까지 가만히 기다리지 못했다. 혹시 친구가 오지 않을까봐 지나치게 걱정했고, 자기가 카페에 혼자 앉아 있는 걸 다른 손님들이 어떻게 생각할지 초조해했다.

분석

과도한 걱정은 어떤 대상이나 사람, 상황이 실제보다 훨씬 나쁘다고 여기는 데서 발생한다. 이런 걱정의 근본 원인은 두려움이고, 우리 뇌가 '만약 ~하면 어쩌지?'라는 질문을 끊임없이 던지기 때문에 생긴다. '실패하면 어쩌지?', '이 일이 잘 안되면 어쩌지?', '이게 틀렸으면 어쩌지?', '그 사람들이 싫어하면 어쩌지?', '나한테 화를 내면 어쩌지?'와 같은 질문들이다. 뇌는 불확실성을 위험으로 해석하기 때문에 업무용 이메일에 오타를 낸 것과 같은 간단한 일도 머릿속에서 빠르게 확대되어 어느새 우리의 '해고' 원인이 된다.

행동 패턴

'만약 ~하면 어쩌지?'라는 의문이 들 때마다 뇌는 다양한 시나리오와 가능성의 토끼굴에 빠져 허우적대고, 우리는 불안감에 완전히 압도당한다. 이런 생각을 제대로 관리하지 못하면 상당히 피곤해진다. 그리고 더 나쁜 건 이런 행동에 너무 익숙해져서 기본적인 행동 패턴으로 자리 잡으면 그것이 뇌에서 자동 프로세스로 변환되어 이 패턴이 계속된다는 것이다.

자기 성찰을 위한 질문

- 자신이 상황을 지나치게 걱정한다는 걸 알아차린 적이 있는가?
- '만약 ~하면 어쩌지?'라는 생각에 휩싸인 적이 있는가?
- 다른 사람들이 당신을 차분한 사람이라고 생각하는가?

| HFA 행동 유형 5
두려워하는 사람 vs 성공한 사람

사람들은 대부분 어느 정도씩은 실패를 두려워한다. 실패에 대한 두려움이 적당한 상태일 때는 열심히 일하고 노력하는 자극이 되고, 이를 통해 더 많은 걸 성취하고 성공하게 된다. HFA를 앓는 사람이 높은 성과를 거두고 크게 성공한 사람으로 널리 존경받는 것도 이런 이유 때문이다.

그러나 실패에 대한 두려움이 과도한 상태일 때는 두려움이 우리가 앞으로 나아가는 일을 방해한다. 시도했다가 실패할까봐 두려워서 아예 시도하지 않는다. 시도하지 않으면 고통, 당혹감, 실망을 막을 수 있기 때문이다. 하지만 그와 동시에 꿈을 제대로 좇지 못하고 잠재력도 제한된다.

▶ **사례 연구**

사라는 머릿속에 지금까지 인식한 모든 실패, 그러니까 결코 용서할 수 없는 일들로 가득 찬 파일을 보관하고 있다고 말했다. 처음 상담 치료를 시작할 무렵에는 일이 잘 풀리지 않을 때마다 자신을 비난하기도 했다.

한번은 데이트를 하러 나가서 분위기 좋게 잘 끝났다고 생각했는데 며칠 뒤 상대방이 잠수를 탔다. 그때 "내가 잘못했을지도 모르는 일을 계속 되풀이해서 생각했어요"라고 말했다. 또 실패를 피하기 위해 다르게 할 수도 있었던 일들을 계속 떠올리면서 스스로에게 짜증과 분노를 느꼈다.

분석

실패에 대한 두려움은 비판적인 부모 또는 문제 있는 가정에서 자라는 것부터 따돌림, 충격적인 사건을 경험하는 것까지 다양한 이유로 인해 나타난다. 어떤 일에 실패해서 굴욕감이나 속상함을 느낀 적이 있다면 이런 감정은 그 사건이 끝난 뒤에도 오랫동안 남을 것이다. 하지만 굴욕감이나 속상함은 실패 그 자체보다 실패에 대한 인식이나 그 인식이 자신에게 어떤 의미로 와닿는지와 더 관련이 크다. 그래서 실패는 실제 경험으로 자리잡기 훨씬 전부터 기분을 통해 드러나는 경우가 많다.

행동 패턴

실패하면 다양한 감정이 수반된다. 전부 유쾌한 감정과는 거리가 멀다. 당혹감, 불안, 분노, 슬픔, 수치심은 모두 이 경험의 일부므로 우리는 그런 감정을 피하기 위해 할 수 있는 모든 일을 한다. 지칠 때까지 성공을 추구하기도 하고 그 어떤 성공도 추구하지 않기도 한다. 앞의 시나리오에서는 성공을 거두면 실패가 더 두려워질 수 있고, 뒤의 시나리오에서는 시도하는 것이 더 두려워질 수 있다.

자기 성찰을 위한 질문
- 실패할까봐 걱정되는가?
- 다른 사람들이 당신을 어떻게 생각할지 걱정하는가?
- 본인의 성취에 자부심을 느끼지 못하는가?

HFA 행동 유형 6
남을 실망시키는 사람 vs 건전한 경계를 가진 사람

사람들, 특히 사랑하는 이들이 지지해 달라고 부탁할 때 배려하고 수용하는 건 좋은 일이다. 도움을 청했을 때 수락하거나 많은 노력이 필요한 경우에도 다른 이들이 실망하지 않도록 더 노력하면 사려 깊은 사람처럼 보인다.

앞서 이야기한 것처럼 HFA를 앓는 사람에게는 외부의 인정이 매우 중요하다. 자기가 괜찮은 사람이라고 느끼는 데 도움이 되기 때문이다. 하지만 다시 한번 말하는데, 이 기분을 느끼기 위해 자신이 진정으로 원하는 걸 희생하기도 한다는 걸 알아야 한다.

HFA를 앓는 사람은 다른 사람을 실망시키고 싶지 않아서 부탁을 거절하지도 않고 적절한 선을 긋지도 않는다. 자신의 욕구보다 다른 사람의 욕구를 우선시하느라, 스트레스를 받고 지치고 번아웃될 수도 있다. 그리고 이는 타인에 대한 분노와 지속적인 경계 침식으로 이어지기도 한다.

▶ 사례 연구

사라는 선을 제대로 그어놓지 않은 탓에 자주 불안감을 느꼈다. 상담을 받을 당시 동생과 함께 살고 있었는데, 동생은 사라가 할 일이 있을 때도 종종 언니 방에 들어와 이야기를 늘어놓곤 했다. 사라에게 왜 동생한테 바쁘다고 말하지 않는지 묻자 "동생을 실망시키고 싶지 않았어요"라고 답했다.

그러나 사라는 과도한 부담감을 느꼈고 일을 끝마치기 위해 밤늦게까지 일하는 날이 많았다. 그는 동생의 감정까지 책임졌고, 동생의 행복을 위해 경계를 모호하게 만들었다. 함께 이 문제를 살펴보는 동안 사라는 주변 사람들이 모두 자신을 이런 식으로 대하도록 허용하고, 다른 사람들을 실망시키는 것이 두려워서 항상 '시간이 있는 것'처럼 보이려고 한다는 걸 깨달았다.

분석

실망은 대처하기 힘든 복잡한 감정이다. 실망에는 상실감, 슬픔, 수치심, 당혹감, 분노, 좌절, 두려움 등 여러 불편한 감정이 포함되어 있다. 다른 사람들을 실망시킬까봐 걱정할 때 사실 우리는 그들이 우리를 받아들이지 않고 우리의 진정한 모습까지 거부할까봐 걱정한다.

그래서 타인의 인정을 받으려고 끊임없이 비위를 맞추고 거절도 제대로 못한다. 그러다 보면 경계가 모호해진다. 경계는 우리가 어떤 사람이고 어떤 사람이 아닌지를 정의하고, 우리 삶에 받아들이는 사람과 대상, 그리고 거부하는 사람과 대상을 결정한다. 단순히 다른 사람을 실망시키고 싶지 않아서 그 경계를 짓밟도록 놔둔다면 그건 자신의 진정한 자아를 부정하는 것이다(경계에 대해서는 4단계에서 더 자세히 설명하겠다).

행동 패턴

다른 사람을 실망시키는 것에 대한 두려움이 우리 행동을 지배하도록 두는 일은 벽에 머리를 박는 일이나 다름없다. 아무리 노력해도 다른 사람들이 우리를 어떻게 생각하는지까지 통제할 수는 없기 때문이다. 실망은 매우 개인적인 감정이다. 사람들이 상황에 반응하는 방식에는 다양한 이유가 있고, 자신에게 큰 문제로 느껴지는 일이 다른 사람에게는 그렇지 않을 수도 있으므로 대처하기가 더 어렵다. 그래서 실제로는 결과나 그에 대한 반응을 통제할 수 없는데도 불구하고 다른 사람 바위를 맞추려고 노력하는 헛된 패턴에 갇히게 된다.

> **자기 성찰을 위한 질문**
> - 다른 사람을 화나게 할까봐 걱정되는가?
> - 다른 사람의 요청을 거절하는 게 어려운가?
> - 다른 이들을 실망시킬까봐 걱정되는가?

HFA 행동 유형 7
과잉 성취자 vs 남들보다 뛰어난 사람

목표 달성을 위해 끊임없이 노력하면 다른 사람들 눈에 영감을 주는 사람, 남들보다 뛰어난 사람으로 비춰질 수 있다. 부디 내 말을 오해하지 말기 바란다. 야망을 이루기 위해 열심히 노력하는 태도는 인생 여정을 풍요롭게 해주는 멋진 일이자 배움을 위한 좋은 기회다. 하지만 목표를 추구하는 행위가 진정으로 원하는 것을 위해서인지, 아니면 자신이 괜찮은 사람임을 증명하고자 타인의 인정과 칭찬을 받으려는 욕구를 충족하려는 것인지 알아야 한다.

HFA를 앓는 사람이 외부의 인정을 구한다는 것은 곧 본인이 추구하는 긍정적인 감정이 내부가 아닌 외부에서 비롯된다는 뜻이므로, 어떤 성과를 올리든 그것만으로는 충분하지 않다. 간절히 원하는 목표를 달성했을 때의 만족감보다 다른 사람의 칭찬을 통해 더 큰 기쁨을 얻기 때문이다. 그래서 완전히 탈진할 때까지 계속해서 일을 더 많이 하려는 패턴이 생기는데 영원히 이런 패턴을 지속하며 살 수 없다.

▶ 사례 연구

사라는 올해의 직원으로 선정되었을 뿐 아니라 여러 상과 표창도 받았다. 하지만 자신이 하는 일을 '더 잘하려고' 끊임없이 노력했고, 시간이 얼마나 걸리든 상관없이 일을 완수하려고 애썼다.

덕분에 회사에서 많은 칭찬과 인정을 받았지만 일상을 영위하는 데 어려움을 겪었다. 너무 열심히 일한 탓에 자신을 위한 시간을 내거나 친구, 가족, 연인 등과 관계를 맺을 시간이 없었다. 불안감이 너무 심했지만 일을 더 떠맡는 걸 멈출 수가 없었다.

분석

꿈을 실현하기 위해 열심히 노력하는 건 아무 문제도 없다. 하지만 그런 노력 때문에 다른 일을 할 여유가 없거나 그게 정말 자신이 하고 싶은 일인지 고민이 된다면 문제가 있다. 마치 자기 꼬리를 쫓는 뱀과도 같다. 지속적인 보상은 없이 인정과 성취만 계속 추구하는 시간이 이어지는 것이다. 사라는 다른 사람들이 자신을 괜찮은 사람이라고 여기도록 만드는 데 너무 열중한 나머지 자신을 위한 시간을 갖지 못한 채 번아웃의 길을 향해 나아가고 있었다.

행동 패턴

다른 사람의 인정을 추구하는 행위는 약물을 통해 얻는 황홀감을 추구하는 행위와 비교할 수 있다. 그 효과 덕분에 일시적으로는 즐거울 수는 있지만 효과가 금세 사라지기 때문에 다시 똑같은 기분을 느끼려고 점점 더 많은 일을 하게 된다. 사라는 괜찮은 사람이라는 말을 듣는 걸 좋아했다. 그 말이 다른 사람들의 인정을 원하는 욕구를 충족시켜줬기 때문이다. 그래서 자신이 하는 일에서 최고가 되려고 점점 더 세게 자신을 몰아붙였고, 그 결과 일상과 정신 건강을 해쳤다.

자기 성찰을 위한 질문

- 별로 기운이 나지 않을 때도 항상 더 노력하려고 애쓰는가?
- 원치 않는 경우에도 일을 맡는가?
- 지치거나 탈진한 기분을 느낀 적이 있는가?

다시 살펴보기

지금까지 이야기한 내용을 되새겨보자. 이런 양면적인 행동들 중

직접 경험한 것이 있는가? 이전에 알아차리지 못한 패턴을 감지했는가? 처음으로 내 패턴이 이해되기 시작했던 순간 머릿속에 번쩍 전구가 켜진 것 같았다. 비록 내 감정에 쉽게 대처하도록 도와주거나 내 행동을 전부 해명해주지는 않았지만 원하던 답을 안겨줬다. 덕분에 스스로를 비난하거나 내 문제가 대체 무엇인지 의아해하는 걸 멈출 수 있었다. 그때가 내 인생이 변하기 시작한 시발점이다.

1단계 요약

1단계에서 다룬 내용을 요약해보겠다. 지금까지 HFA가 무엇이고 사람마다 어떻게 다르게 나타나는지, 그리고 몇 가지 원인에 대해 알아보았다. 또 HFA의 7가지 주요 심리적 증상을 살펴보고 양면적인 행동에 대해 이야기했다. 1단계는 HFA가 표출되는 모습을 인식하고 그런 모습이 자신과 연관이 있는지 알아보도록 설계되었다. 때로는 HFA로 인한 부정적인 감정을 느껴도 괜찮다는 걸 기억하자. 괜찮지 않은 건 그것이 우리 삶을 장악해 삶의 질까지 떨어뜨리는 상황이다.

자신에게 HFA 증상이 있다는 사실을 인식하는 것은 시작에 불과하다. 이제 세상에 보여주는 자신의 모습과 내면에서 발견되기를 기다리는 본연의 멋진 모습을 연결해야 한다. 그래야 자신이 어떤 사람인지 잘 이해할 수 있고 원하는 답을 얻을 수 있다. 물론 이 과정에는 노력이 필요하다. 하지만 여기까지 읽었다면 이미 한창 진행 중인 것이다. 지금까지 따라오느라 고생 많았다. 이제 2단계로 들어가보자.

2단계

패턴을 해독하고
그림자에 맞서자

앞서 HFA와 관련된 증상 및 행동 패턴에 대해 살펴보고 그 증상이 삶에 어떤 식으로 드러나는지도 생각해보았으니 이제 더 깊이 파고들 시간이다. 이번 단계에서는 이런 행동 패턴이 우리가 살아가는 방식에 어떻게 연관되어 있는지 자세히 알아보기 위해 잠재의식을 탐구할 것이다. 또 과거의 경험이 현재의 감정에 어떤 영향을 미치고, 왜 스스로를 부족한 사람이라고 느끼는지 그 이유도 알아보자.

고고학자가 과거의 층위를 파고 들어가는 것처럼 우리도 당신 존재의 층위를 탐색해 HFA의 기원을 밝혀낼 것이다. 그러면 정돈된 경로를 따라 나아가는 데 필요한 통찰력을 얻을 수 있을 것이다.

전진하기 위해 과거로 돌아가야 한다

　이 책은 낡은 사고방식과 습관적인 사고 패턴을 버리고 이를 새로운 태도와 통찰로 바꾸면서 삶을 다른 시각으로 바라볼 수 있는 능력을 키우도록 돕는 책이다. HFA가 생기게 된 이유를 알아보기 위해 과거로 돌아가면 아직 우리의 의식적인 인식에 통합되지 않은(지금까지 무시해왔거나 그런 게 존재한다는 사실조차 몰랐던) 본성의 한 측면을 재발견하게 된다. 지금은 마치 우리가 퍼즐인데 작게 쪼개진 조각만 있고 전체적인 그림을 보여주는 상자는 없는 듯한 기분이 들 것이다. 전체적인 상황을 이해해야만 완성된 그림을 볼 수 있다.

　여태까지는 불완전하거나 무언가 빠진 것처럼 느꼈을 것이다. 그리고 그런 기분 때문에 텅 빈 느낌을 메워줄 대상을 끊임없이, 치열하게 찾다가 우리 자신을 잃어버린 것일지도 모른다. 우리는 다른 사람들이 우리에게 원한다고 생각하는 일을 하면서(요청을 거절하지도 못한 채) 잠시나마 스스로가 '괜찮은 사람'이라는 기분을 느끼려고 하고 다른 이들이 나를 어떻게 생각할지 걱정한다. 이런 행동 때문에 스스로를 위한 공간을 마련하거나 다른 사람이 아닌 자신이 원하는 길을 따르지 못하게 된다.

　자신의 생각과 대면하지 않으려고 약물, 섹스, 술, 과로 등을 이용해 계속 바쁘게 지내거나 휴대폰에 눈길을 고정하고 생각을 피하려고 살아왔다. 자기 마음속이라는 '공간'에 머물기가 힘들기 때문에 물리적인 세계에 머무르고자 생각과의 연결을 끊는 방법을 찾는다. 생각을 관리하는 방법을 모르거나 심지어 자기가 어려움을 겪고 있다는 사실조차 깨닫지 못한 상태기 때문에 받아들이고 싶지 않은 부분은 무시해버린다.

어쩌면 우리가 다른 사람들과의 관계를 유지하는 이유는 외로움을 느끼고 싶지 않아서일지도 모른다. 또 만족스러운 관계든 아니든, 무언가 할 일이 있는 편이 아무것도 없는 것보다는 낫기 때문에 별로 의미 있는 관계를 맺지 못한 친구들과도 어울리려고 한다. 혹은 감정을 조절하려다가 감정적 섭식을 할 수도 있다. 하지만 굳이 시간을 들여 자신을 돌아보지 않는다. 그냥 지금과 같은 생활 방식을 계속 유지하므로 마음속 깊은 곳에 있는 고통이나 공허함을 느낄 시간이 없다.

| 자신에게서 도망칠 수는 없다

진통제를 먹는 것과 비슷하다고 생각하면 된다. 진통제를 먹으면 통증을 가라앉힐 수는 있지만 통증의 원인은 해결되지 않는다. 그리고 근본적인 원인은 무시한 채 계속 진통제만 먹으면 머지 않아 내성이 생겨서 동일한 효과를 얻기 위해 더 많은 진통제를 복용해야 한다. HFA를 앓는 사람은 자기 내면을 들여다보려고 하지 않고 계속해서 이런저런 것들을 이용해 주의를 다른 데로 돌리려고 한다. 하지만 이런 산만한 행동은 진통제와 같아서 HFA의 근본 원인을 해결하지 못한다.

당신이 무엇을 하든 이 감정은 그대로 유지될 것이다. 지금까지 외부 세계에서의 성취에 초점을 맞추고 외부의 인정을 추구하는 삶을 살았다면 진정한 친밀감이나 충만한 관계를 요구하는 내면의 감정 세계는 두 번째로 밀려나 있었을 것이다. 가장 큰 안정감을 제공해야 할 부분들이 실제로는 위협감을 느끼게 만들었고, 앞으로 나아가는 것에 대한 내적인 불안감이 주변 환경에 투사되었을 테다.

그러나 자신에게서 계속 도망칠 수는 없다. 어릴 때 어떤 일을 하거나 행동했을 때 칭찬받는다는 걸 알게 되었다면 계속 그런 행동을 해왔을 것이다. 칭찬받을 행동을 하는 것을 다른 사람 눈에 들고 인정받고 궁극적으로 사랑받는다는 인식과 연관시키게 된다.

어른이 되면 이런 패턴이 우리 생활 방식의 일부가 된다. 높은 성취를 이루면 주변의 칭찬을 받고 사람들이 행복해진다는 걸 배웠기 때문이다. 우리는 주변 사람들이 행복해하는 것은 곧 우리가 괜찮은 사람임을 의미한다고 생각한다. 이를 달리 표현해보겠다. 누군가를 속상하게 하면 그에게 거부당하게 되고 이는 결국 내가 부족한 사람이기 때문이라고 여긴다는 것이다.

내가 어릴 때 부모님은 학교 수업 외에도 과외를 받게 해줬다. 부모님은 교육을 많이 받지 못했기 때문에 내 교육은 중요하게 생각했다. 그래서 내가 최고가 되기를 원하셨고 나도 학교에서 최고가 되려고 스스로를 밀어붙였다. 내가 공부를 잘 못하면 부모님이 언짢아질 테니 어떻게든 부모님을 행복하게 해드리고 싶었다.

그래서 성취도가 높은 학생이 되어 선생님들의 칭찬도 많이 받았다. 그게 내 존재 방식이 되었고, 선생님과 부모님이 내게 원하는 것을 바탕으로 가능한 한 최선을 다한다는 규칙을 지키려고 노력했다. 과거의 경험을 통해 형성된 이런 행동 패턴이 나를 계속 앞으로 떠밀었다. 잠시 멈춰서 내가 원하는 게 무엇인지 파악하지도 않은 채 그냥 계속해서 나를 다음 단계, 또 그다음 단계로 끌고 갔다. 그래서 나는 내가 원하는 걸 찾을 수 있다는 사실조차 몰랐다.

분열된 '나'를 봉합하기

이런 존재 방식에서 벗어나는 유일한 방법은 안으로 더 깊이 파고들어가서 고통과 어둠을 마주하는 방법뿐이다. 물론 무섭고 실제보다 더 심각하게 느껴지며 우리가 통제할 수 있다고 여겼던 것들을 전부 포기해야 한다. 그래서 내면을 파고드는 일을 피하려는 사람이 많다. 고통을 마주봐야 하기 때문이다. 이런 오래된 행동 패턴을 버리라는 말을 들으면 마치 하늘이 파란색이 아니라 녹색이라는 말을 들은 듯한 기분이 든다.

사람들은 오래된 규칙이 더 이상 작동하지 않는 상황이 되어야만 무언가 잘못되었음을 깨닫고 다른 길을 찾으려고 한다. 하지만 당황하거나 좌절하지 말자. 이때가 바로 단순히 증상에만 대처하는 게 아니라 근본적인 원인으로 파고들어갈 수 있는 때다.

변화는 두렵다. 하지만 행복하지 않고 두려움에 떨면서 살아야 하는 상황에 계속 머무르는 것만큼 두려운 일은 아니다.

이번 단계에서는 당신이 아직 접촉하지 못한 부분 즉, 두려움과 수치심 때문에 부정하거나 숨겨왔던 자신의 본성을 재발견하도록 도와줄 것이다. 당신이 의식적으로 그랬다는 게 아니다. 이런 일이 일어나고 있다는 걸 전혀 몰랐을 가능성이 더 높다. 전혀 의도하지 않았겠지만 어느새 이런 감정을 숨기는 것이 생존 전략이 되었을 것이다.

그러나 이제는 커튼을 젖히고 질투, 시기심, 탐욕, 두렵고 의존적이고 경쟁적인 부분 등 별로 마음에 들지 않는 감정을 비롯해 모든 감정을 살펴보아야 할 때다. 이것이 1단계에서 다뤘던 '그림자 측면'이다. 우리는 이 부분과 연결되어 있지만 계속 숨겨왔다. 자신의 그림자 측면이 드러나면 남들에게 거부당할까 두렵기 때문에 이 부분에 부끄러움을 느끼곤 했을 것이다.

과거에는 이런 감정을 조절하는 데 도움이 되는 도구가 없었을 테고 그래서 그 감정을 숨겼을 것이다. 하지만 이제는 감정을 책임지는 방법을 배우고 거기에 어떤 의미를 부여할지 선택할 수 있다. 자기 본성을 받아들이면 기존의 자기 인식을 확대시켜서 실제로 존재하는 것들을 많이 품을 수 있고, 자기 자신을 온전하게 바라볼 수 있다.

이제 내면의 감정과 다시 연결되어 '좋은' 부분과 '나쁜' 부분을 모두 갖춘 자신을 완성해 온전하고 진정성 있는 사람이 되어야 한다.

자신의 두 가지 측면 즉, 학습된 측면과 그림자 측면을 통합하려면 그림자를 직시하고 감정을 조절하는 방법을 배워야 한다. 이 두 가지 측면을 연결하면 자신의 내면 세계를 들여다보면서 제대로 이해할 수 있다. 그렇게 외부에서 내부로 시선을 돌리면 이제 자신이 괜찮은 사람이라는 기분을 느끼기 위해 주변 세상에 의존하지 않아도 되고, 내면 세계를 통해 다른 이들과 연결되면서 자신감을 갖게 된다. 그리고 이 과정에서 매우 강력한 인식 변화를 이룰 수 있다.

내면으로 향하자

그렇다면 어떻게 해야 아웃사이드 인outside-in 방식을 인사이드 아웃inside-out 방식으로 바꿀 수 있을까? 우리가 세상에 보여주는 외적인 부분은 과거의 경험을 바탕으로 만든 규칙이나 신념에 지배된다는 걸 기억하자. 이런 규칙·신념은 안전하다는 기분을 느낄 수 있도록 만들어졌지만 사실 거부에 대한 두려움에 기초하고 있기 때문에 매번 우리를 방해한다. 우리는 숨겨진 신념을 바탕으로 살아가려고 노력하면서 스스로를 제한한다.

자신이 부족한 사람이라고 생각하는 것은 마치 푸른색 안경을 쓰고 세상을 그런 색으로만 바라보는 행위와 같다. 다른 이들의 감정과 반응에 민감하게 반응하고, 어떤 식으로든 그들에게 부담이 되거나 거부당하는 걸 원치 않으며, 자기 자리를 찾지 못해 힘들어하기도 한다.

친구 집에 차를 마시러 갔는데 친구가 그날 저녁에 할 일이 많다고 말했다고 해보자. 친구는 그냥 계획을 알리기 위해 한 말일 수도 있지만 당신은 그걸 그만 가라는 뜻으로 받아들인다. 왜일까? 평소에도 남에게 부담을 주거나 귀찮게 할까봐 걱정하기 때문에 파란색 안경이 친구의 말을 잠재적인 거부로 인식한 것이다. 그래서 친구가 요청하지 않았는데도 머릿속으로 친구 집에서 떠나야 하는 상황을 만들어낸다. 이런 인식은 우리가 살아가는 모습을 정하고 모든 상호 작용에 영향을 미친다. 우리가 만든 이런 규칙이 우리의 존재 방식과 외부 세계에서 하는 일에 어떤 영향을 미치는지 알겠는가?

다른 사람의 시간을 낭비할까봐 지나치게 염려했던 일이 기억난다. 한참 수업을 받던 무렵에 강사에게 물어보고 싶은 게 있었는데 그에게 부담을 주고 싶지 않아서 그만뒀다. 그는 질문할 시간을 줬지만 나는 그 기회를 활용하지 못했다. 나중에 상담 치료사에게 이 일화를 말하다가, 내가 스스로 상상한 이야기 때문에 짊어지고 있던 죄책감을 제대로 이해하게 되었다. 다른 사람을 짜증나게 하면 내 편협한 관점이 그걸 거부로 간주하고 그렇게 믿었기 때문에 남을 짜증나게 하는 걸 두려워했던 것이다.

나는 거부를 어떻게 받아들여야 하는지 몰랐으므로 아예 거부당할 가능성을 차단하려고 최선을 다했다. 그 과정에서 나는 스스로를 잃고 자기 회의와 의문으로 가득 찬 하루하루를 보냈다. 나는 자신에게 매우 가혹했고 필요할 때 도움을 청하지 않았다. 그리고 이렇게 '부족한 게 많은 내면 세계'는 나를 외부에 드러나는 방식과 세상을 살아가는 방식에 투사되었다. 하지만 그때는 이 내면의 싸움이 '나 vs 나'의 싸움이라는 걸 몰랐다. 이처럼 자기 파멸적인 싸움을 극복할 수 있는 도구가 있다는 것도 몰랐다.

새로운 존재 방식

내면으로 파고들 힘이 생기면 자신과 벌이고 있는 싸움에 대해 잘 알게 된다. 스스로에 대해 알고 있다고 생각했던 부분이 전부 달라지기 때문에 처음에는 놀랄 수 있다. 더 큰 그림을 보기 위해 자신의 다양한 부분을 한데 모으다 보면 감정이 계속 오르락내리락한다.

잎이 시들고 꽃이나 열매가 적게 맺히는 사과나무가 있다고 상상해보자. 이 나무에 물을 더 주면 한동안은 활력을 되찾아 잎이 다시 녹색으로 변하고 꽃도 필 것이다. 하지만 나무의 진짜 문제를 해결하지 못한 상황에서 물을 주는 건 일시적인 해결책일 뿐이다. 나무가 뿌리를 통해 흡수하지 못하는 영양분이 무엇인지 확인하려면 흙을 파봐야 한다. 나뭇잎을 살리는 데만 집중하는 것은 외부적인 문제만 해결하는 행위와 같다. 실제로 무슨 일이 일어나고 있는지 알려면 더 깊이 파고들어야 한다.

힘든 일처럼 들릴 것이다. 실제로도 그렇다. 하지만 그에 따르는 보상은 값지다. 직관이 작동하기 시작하고 예상치 못한 순간에 예상치 못한 방식으로 답과 해결책이 딱 떠오르는 걸 느낄 수 있을 것이다.

상상력을 발휘해 두려움을 강화하는 게 아니라 그 힘을 이용해서 새로운 존재 방식을 확실하게 드러내야 한다.

자신에게 노력을 쏟기 시작하면 현실에 기반을 둔 명확한 비전이 생긴다. 자신을 신뢰하고 정신력을 건설적으로 이용하면 강력하고 온전하게 꽃을 피울 수 있다.

그리고 더 이상 죄책감, 수치심을 느끼거나 이런 감정에 압도되지 않을 것이다. 감정을 조절하고 관리하는 능력을 키워서 감정이 행동을 장악하거나 휘두르지 못하게 할 수 있다.

당신이 차를 운전하고 감정은 승객이다. 어느 날 운전 중에 길을 잘못 들었다. 즉, 당신의 기준에서 볼 때 잘못이라고 여기는 일을 저지른 것이다. 과거에는 이럴 때 수치심에게 운전대를 뺏기곤 했다. 다른 감정들도 차 안에 타고 있지만 수치심이 가장 강하기 때문에 다른 감정은 운전대를 잡지 못한다. 하지만 자기 자신과 다시 연결되면 앞으로는 운전대를 뺏기지 않고 계속 통제권을 유지하게 될 것이다.

| 옛 자아에 대한 애도는 필요 없다

과거의 모습이 사라지면 그 모습을 애도하면서 예전의 존재 방식(자신의 실제 모습에 대한 불완전한 그림에 기반한 정체성과 역할)을 그리워

할 수도 있다. 하지만 앞으로 나아가기를 원한다면 이런 마음을 버려야 한다. 몸에 밴 행동이 만족스럽지 않더라도 그걸 버리는 건 어려운 일이다. 뇌는 친숙함을 선호하고 변화에 저항한다. 고무젖꼭지에 집착하는 아이가 이제 젖꼭지를 떼야 한다는 말을 들었을 때 쉽게 포기하려고 하지 않는 모습과 같다.

뇌는 예전의 습관이 '안전하다'고 느낄지 모르지만 우리의 이성적인 측면은 낡은 행동 패턴을 버려야 한다는 걸 안다. 마찬가지로, 우리가 숨기고 부정하는 그림자 측면을 인정하는 일도 쉽지 않다. 하지만 온전하게 통합된 삶을 살려면 언젠가는 그림자 측면과 맞서야 한다. 그렇지 않으면 우리 삶 곳곳에 계속해서 다시 나타날 것이다. 따라서 자기 성찰적인 질문과 자기 탐구는 유익한 결과를 가져온다. 내면을 더 깊이 들여다보면 아직 개발되지 않은 본성의 긍정적인 측면과 접촉해서 이를 진정하고 의식적인 자아에 통합시킬 수 있다.

다행히도 이 책에 제시된 과정을 밟고 나면 '나는 괜찮은 사람'이라고 생각하면서 삶의 가치와 의미, 목적을 재정의할 수 있게 될 것이다. 지금 하는 선택과 조정이 보다 지속적이고 긍정적일 가능성이 높아진다. 이제 새로운 방식으로 다른 이들과 관계를 맺는 방법을 배울 테니, 더 이상 두려움 때문에 깊고 헌신적인 관계를 피하는 일은 없을 것이다.

자기 성찰을 위한 질문

1단계에서 이야기한 HFA 행동 유형을 다시 떠올려보자.

- 자신이 불안을 느끼는 근본적인 원인이 있다고 생각하는가?
- 어떤 두려움이 본인의 행동을 좌우한다고 생각하는가?
- 두려움을 느낄 때 몸에서 어떤 감각을 경험하는가?

어린 시절의 경험에서 HFA가 시작됐다

어린 시절의 경험이 정신의 깊숙한 곳에 묻혀 지속적인 영향을 끼칠 수 있다는 건 이미 입증되었다. 인생은 예측할 수 없고, 다른 사람의 감정을 책임져야 하며 내 감정은 중요하지 않다는 근본적인 믿음이 성인이 된 뒤에도 이어질 수 있다는 이야기다. 우리는 자신을 보는 방식, 다른 사람을 보는 방식, 세상을 보는 방식과 관련해 저마다 다른 믿음을 품고 있다. 따라서 우리가 의사소통을 할 때는 저마다 다른 경험과 관점을 바탕으로 소통한다.

나는 호기심이 많은 아이였고 주변에서 벌어지는 일들을 모두 알고 싶어 했지만 나의 이런 성향을 누그러뜨리는 방법을 배웠다. 가족 내 여성 구성원으로서 다른 이들을 보살피는 법도 배웠다. 부모님은 나와 내 형제자매들에게 당신들이 가져보지 못한 기회를 주느라 바쁘니 부모님에게 부담을 주거나 '버거운 존재'가 되어서는 안 된다고 생각했고, 부모님이 원하는 길에서 벗어나는 것에 죄책감을 느꼈다.

이런 패턴이 성인기까지 지속되면서 상호 의존성이 생겼다. 나는 사람들의 비위를 맞추려고 애썼는데 왜 그들은 내가 원하는 방식대로 나를 바라보거나 사랑해주지 않는 건지 궁금했다. 이런 궁금증을 해결하기까지 상당히 긴 여정을 거쳤다.

> 어린 시절의 경험은 때로 모호한 방식으로 각인되므로, 올바른 도구가 있어야만 그 경험이 남긴 패턴을 인식하고 극복하는 방법을 배울 수 있다.

유년기의 특정 경험이 미치는 영향은 인간뿐 아니라 지구에 사는 다른 종들에게서도 볼 수 있다. 그건 생물학적인 구성의 일부인 깊고 본능적인 것이다. 바다거북을 예로 들어보자. 알에서 부화한 새끼 바다거북은 바다로 향하기 위해 해변의 경사면과 파도, 바다에 반사되는 빛을 이용해 길을 찾는다. 물가에 도착한 바다거북은 광활한 바다에서 위험한 여정을 겪지만 성숙한 뒤에는 자신이 태어난 바로 그 장소로 돌아온다.

과학자들은 바다거북들이 바다를 향해 처음으로 비틀비틀 발걸음을 내디딜 때 자기가 태어난 해변의 자기장을 머릿속에 각인한다는 사실을 알아냈다. 그리고 나중에 '고향'으로 돌아가고 싶을 때 이 자기장 신호를 검색해 길을 찾는다. 하지만 인간이 새끼 바다거북을 도와주려고 해안까지 데려다주면 자기장을 각인하지 못한다. 자기 힘으로 바다까지 가는 경험을 해야만 각인이 생기는 것이다. 인간도 마찬가지다. 우리가 잘 성장해서 제대로 된 사람이 되려면 적절한 조건이 필요하다.

모든 인간은 독특하며 자기만의 개성과 성격을 지니고 있다. 또 저마다 다른 욕구도 있다. 정서적, 육체적, 그리고 기타 형태의 방치는 인간이 열심히 애쓰고 있는 바다거북을 안아 올리는 행위와 같다. 이는 뇌가 연결되어 있는 방식에 영향을 미치고, 외부 경험에 의해 형성된 신념 체계를 바탕으로 한 행동 패턴을 개발한다. 그러면 결국 자신에 대해 품고 있는 잘못된 믿음 때문에 제한된 삶을 살아가게 된다.

일례로 어린 나이에 어머니에게 버림받았다면 훗날 친해지거나 의지하게 된 사람들도 언젠가는 떠날 것이라고 여긴다. 그래서 자신의 부정적인 예상을 충족시키는 이들에게 무의식적으로 이끌리고, 결국 자신을 버리고 떠날 연인을 반복적으로 선택하게 된다. 또는 누군가가 어머니처럼 떠나버리는 것이 너무 두려워서 그 사람과 멀어지는 쪽으로 관계를 통제하려고 할 수도 있다.

안전하다는 기분을 느끼기 때문에 이렇게 행동한다. 우리는 사람들에게 보여주고 싶지 않은 그림자 측면을 숨긴다. 이 패턴에서 벗어나지 않으면 자신이 왜 이런 식으로 행동하는지 깨닫지 못하고 학습된 측면과 그림자 측면을 통합할 수 없다.

자기 성찰

- 자라는 동안 어떤 기분을 느꼈는가? 솔직하게 말해보자. 비난하거나 책망하려는 게 아니다. 그저 자신의 어린 시절을 이해하려는 것이다.

- 부모 또는 보호자와의 관계를 한 명씩 세분화해서 생각해보자. 그들은 어땠는가?(예: 아버지와는 감정적 거리가 멀었다. 어머니는 항상 내 옆에 계셨다. 내 보호자는 애정은 주지 않고 벌만 줬다. 보호자는 나를 통제했다.)
- 이제 그들 각자와의 관계 때문에 당신 내면의 아이가 품게 된 생각을 적어보자. 위의 예를 적용한다면 다음과 같은 내용이 될 수 있다(예: 나를 직접 돌봐야 한다는 사실을 깨달았다. 사랑과 지지를 받고 있다는 걸 알았다. 사랑은 애써서 얻어야만 한다는 걸 배웠다. 다른 사람들이 원하는 것을 주는 편이 쉽다는 걸 알게 되었다.).
- 사랑은 애써서 얻어야만 하는 것이라고 느낀 적이 있는가? 만약 있다면 그런 기분을 느끼게 된 이유는 무엇인가?
- 과거에 맺은 세 가지 관계를 떠올려보자. 그들의 행동 방식에 어떤 패턴이 보이는가?

우리를 계속 실패하게 만드는 핵심 신념

핵심 신념은 시간이 지나도 꾸준히 유지되면서 세계관과 자기 인식에 영향을 미치는 강력한 신념이다. 우리가 세상을 바라보는 렌즈 역할을 하며 대개 유년기에 한 경험을 통해 어린 시절에 형성된다. 핵심 신념은 사물이나 상황, 타인을 이해하는 데 도움이 되기도 하지만 우리를 제한하고 자기 확장을 방해하기도 한다.

예를 들어, '나는 부족한 사람이야', '내게는 무언가 문제가 있어'

라는 핵심 신념을 품고 있으면 이 렌즈를 통해 세상을 본다. 이 렌즈가 '나'를 제한하고 주변 모든 것을 부정적으로 물들인다. 이 제한된 관점에 맞서기 전까지는 그게 '나'의 진실이 된다. 핵심 신념은 마치 흰개미가 목조 건물의 기초를 갉아먹는 것처럼 표면 아래에서 작용하면서 눈에 보이지 않는 피해를 입힌다. 무의식이 무언가를 사실이라고 믿으면 그것이 자신에게 상처를 주거나 제약을 가하더라도 핵심 신념이 사실임을 입증하기 위해 무슨 일이든 할 것이다.

핵심 신념이 너무 강해지면 성공하려는 열망이 아무리 커도 계속 실패를 맛보게 된다. 자신이 왜 계속 똑같은 행동을 취하는지 이해하지 못하면 이런 실패가 자기충족적 예언이 되어 '나는 부족한 사람'이라는 믿음을 강화한다.

슬픈 점은 또 있다. 자신이 부족한 사람이라는 핵심 신념이 진실이 아니라는 점이다. 지금까지 겪은 모든 일과 피해, 모든 자기 파괴적 행위는 과거에 받은 대우나 자기 믿음을 바탕으로 한 암울하고 부정적인 이야기의 결과물이다. 이런 잘못된 이야기를 사실이라고 무의식적으로 확신하는 바람에 이 잘못된 이야기와 일치하는 현실을 만들어낸 것이다. 그리고 무의식이 교묘하게 작용해서 다시 이런 자멸적인 진실을 뒷받침한다.

어쩌면 내 말이 이런 자기 파괴적인 행동이 당신 잘못이라는 것처럼 들릴 수도 있다. 잠재의식이 당신이 한 거짓말을 진짜라고 믿었으니 어쨌든 당신에게 책임이 있다고 여겨질 테다. 하지만 당신 잘못이 아니다. 지금의 우리는 각자 살아온 삶의 여정, 경험에 대한 인식,

타인과의 관계 등을 통해 형성되었다.

자기가 누구고, 자신의 행동이 과거의 경험에서 어떤 영향을 받았는지 제대로 아는 것은 HFA가 어떤 영향을 미치는지 이해하고 이런 패턴에서 벗어날 방법을 찾아가는 과정의 일부다.

자신에게 친절하고, 자기를 용서하고, 호기심을 품는 것은 모두 '나는 부족한 사람'이라는 핵심 신념을 바꾸기 위한 과정이다.

겹겹이 쌓인 감정

다음 페이지의 도표는 어린 시절의 경험이 어떻게 주변에서 얻은 정보, 유전적·신경학적 기질과 결합해 핵심 신념을 형성하는지 보여준다. 이처럼 핵심 신념은 우리가 세상을 인식하고 상호 작용하는 방식을 만들고, 이를 통해 여러 가지 가정을 하고 규칙을 만들게 된다. 겉으로는 잘 지내는 것처럼 보여도 이런 가정에 근거한 반응을 유발하는 일이 생기면 금세 내면으로 파고드는 사고로 이어져서 여러 감정과 행동, 심지어 신체 감각·증상까지 뒤따르게 된다.

일례로 '그 사람들은 나를 좋아하지 않아' 같은 침투적인 생각이 떠오르면 거부감을 느끼게 된다. 이 느낌 때문에 속이 답답한 듯한 신체적 증상이 생길 수도 있다. 아니면 조용히 그 자리를 뜨는 행동을 하기도 한다. 이런 복잡한 층들을 인식하고 꼼꼼하게 살펴서 궁극적

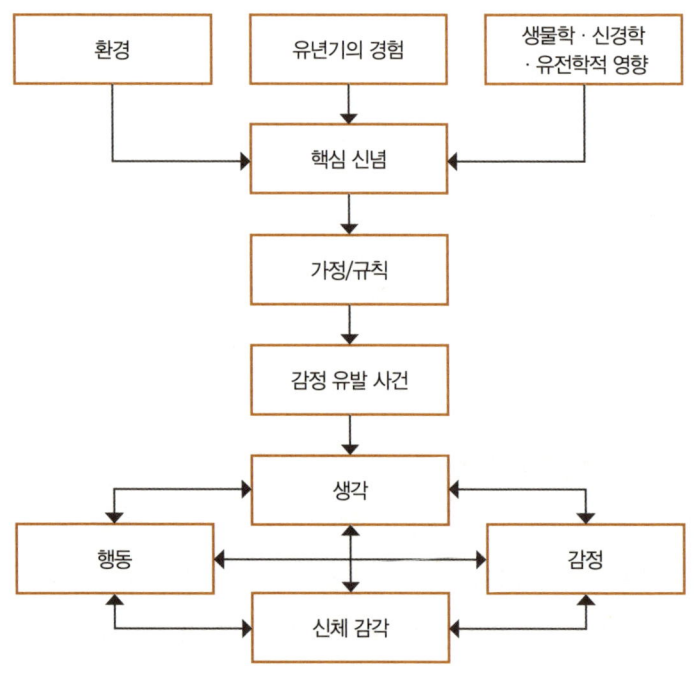

으로 우리를 방해하는 제한적인 믿음에서 벗어나는 것이 중요하다.

어릴 때부터 우리 안에 깊이 뿌리박혀 있던 믿음을 어떻게 바꿀 수 있을까? 이런 패턴이 생긴 이유와 방식을 이해해야만 자신의 진정한 잠재력을 여는 열쇠를 찾을 수 있다. 처음에는 정확하게 찾아내기 어려울 수 있지만 도움이 될 만한 검증된 심리학 이론이 있다. 바로 애착 이론과 욕구 단계 이론이다. 나도 내담자들과 상담을 진행할 때 이 두 가지 이론을 활용한다.

이번 단계에서는 두 가지 이론을 모두 다루면서 HFA와 어떤 관련이 있는지, 그리고 이 이론들을 자신의 경험에 어떻게 적용할 수 있는지 구체적으로 살펴보겠다. HFA의 과학적 배경을 이해하면 3단계로 넘어가서 HFA 관리에 도움이 되는 도구를 활용할 수 있다. 그리고 잘 관리하면 충분히 변할 수 있다!

모든 인간관계의 뿌리, 애착 이론

우리는 타인과 관계를 맺어야 세상에서 살아남을 수 있다. 다른 사람에 대한 애착을 형성할 때 결과적으로 추구하는 것은 친밀감이다. 친밀감은 중요한 동력 중 하나다. 어릴 때는 우리를 사랑하고, 먹이고, 돌봐주는 사람에게 우리의 삶이 달려 있다. 어른이 된 뒤에도 여전히 사랑과 관계 맺음을 통해 성취감을 추구한다.

그러나 HFA와 그에 수반되는 두려움이 존재하면 플라토닉한 관계든, 업무적인 관계든, 낭만적인 관계든 상관없이 타인과의 관계에서 진정으로 깊이 있는 감정을 느끼지 못한다. 타인과의 관계에서 무엇을 주고받는지 또 그렇게 타인과 주고받는 행위가 왜 중요한지 알고, 동반자 관계를 맺는 방법을 이해하고, 친밀감이 무엇인지 제대로 이해해야 한다.

자신에게 안전하다는 기분을 안겨주는 대상이 무엇인지 반드시 알고 있어야 한다. 그걸 모르면 변화가 생겼을 때 세상이 뒤흔들리면서 공포와 불안이 유발되기 때문이다. 또 안전하다는 기분을 안겨주는 대상을 알아두면 두려움을 느끼지 않는 안전한 장소에서 관계를 탐색하는 데도 도움이 된다. 이제 영국의 정신분석가이자 정신과 의사인 존 볼비John Bowlby가 정립한 애착 이론을 간략하게 살펴보자.

| 개념

애착 이론은 어린 시절의 감정적 경험이 자신과의 관계뿐 아니라 이후에 맺는 모든 관계에 영향을 끼친다고 주장한다. 볼비는 우리가 다른 사람들과 애착을 형성하도록 생물학적으로 프로그래밍된 상태로 태어난다는 이론을 제시했다. 그래야 생존하는 데 도움이 되기 때문이다.[3] 이런 애착 형성 방식과 어릴 때 타인과 소통하고 대우받은 방식이 미래에 관계를 경험하고 반응하는 방식뿐 아니라 자기 자신에 대한 기분, 타인과 관계를 맺는 방식, 자기 인식 수준 등과 관련된 템플릿을 만든다.

| 이해

자기 인식 수준을 높이려면 초기 경험으로 돌아가야 한다. 주양육자가 아이의 욕구와 고통에 민감하게 반응하고 적절히 대응하면 아이는 자신의 욕구가 타당하고 충족될 가치가 있다는 사실을 깨닫고 훗날 긍정적인 자아상을 갖게 된다. 이를 안정 애착이라고 부른다.

반면 어떤 이유에서든 주양육자가 아이의 욕구를 충족시키지 못하면 불안정 애착이 형성된다. 이는 아이가 미래에 맺게 될 관계에 다양한 영향을 미친다. 이번 단계 뒷부분에서 안정 애착과 불안정 애착의 유형을 자세히 살펴보도록 하겠다.

애착 이론의 실제 사례

우리가 계속 성장하고 발전하는 동안 우리가 맺고 있는 관계에 문제를 일으키는 일들은 항상 발생하곤 한다. 우리는 늘 똑같은 상태로 머물지 않으며 때로는 다툼, 곤란한 일을 겪기도 한다. 나는 이를 가리켜 끊임없이 리듬과 흐름을 따라가려고 애쓰는 춤과 비슷하다고 설명한다. 가끔 리듬에서 벗어나면 다시 '원래 상태로 돌아갈 수 있도록' 흐름을 찾으려고 애쓴다.

어른이 되어 다양한 관계를 경험하는 동안에도 어릴 때 생긴 뿌리 깊은 패턴과 콤플렉스가 발현될 수 있다. 중요한 건 살면서 다른 사람들과 어떻게 협력하는지, 우리가 느끼는 감정을 말하고 전달할 공간을 어떻게 확보하는지 여부다. 두려움에 사로잡혀 마음의 문을 닫는 게 아니라 상대방과 같은 편에 서 있다는 사실을 기억해야 한다. 그래야 고립되는 상황에 놓이지 않고 타인과 깊은 관계를 맺을 수 있다. 애착 이론이 실제로 작동하는 방식을 보여주는 다음의 사례를 이용해서 이 문제를 조금 더 깊게 살펴보자.

| 상황 | 앨리스의 남자친구가 데이트 계획을 세우면서 자기가 준비를 다 해놨다고 말했다. 하지만 막상 그날이 되자 앨리스에게 무엇을 하고 싶은지, 어느 식당에 가고 싶은지 물어봤다. 게다가 퇴근길에 우유를 사오라고 부탁했는데 그것도 안 사왔다. 앨리스는 남자친구가 부탁을 들어줄 거라고 믿고 있었기 때문에 화가 많이 났다. 그가 자기 말을 제대로 들어주지도 않고 존중해주지도 않는다는 생각에 짜증이 났지만 갈등을 일으키고 싶지 않아서 그냥 데이트를 하러 나갔다. 앨리스는 갈등을 피하려고 분노를 묻어뒀다.

| 애착 유형 | 앨리스는 어릴 때 부모님이 늦게까지 일하느라 집을 비우고는 했기 때문에 자신의 감정을 털어놓을 사람이 없었다. 자신이 부모님에게 짐이 되어 그들을 힘들게 한다고 느꼈다. 그래서 불안정 애착이 형성된 상태로 자랐고 항상 거부당하지 않을까 걱정했다.

| 관계의 '규칙' | 앨리스는 자신이 필요한 존재라고 느끼려면 다른 사람들 비위를 맞춰야 한다는 규칙을 배웠다. 그래야 괜찮은 사람이라는 기분을 느낄 수 있었다.

| 애착 사고 과정 | 어릴 때 안정 애착이 발달했다면 앨리스는 이렇게 생각했을 것이다. '데이트 계획을 제대로 세우지도 않고 우유도 사오지 않았을 때 내 기분이 어땠는지 그에게 터놓고 말해도 괜찮아. 그래야 이 일이 나한테 왜 중요한지 이해할 수 있을 거야. 남자친구를 비난하는 게 아니라 우리가 서로를 보다 깊이 이해할 수 있도록 내 마음을 알려주는 거지.'

앨리스의 이야기는 어린 시절의 경험이 성인이 된 뒤의 행동 패턴에 어떻게 영향을 미치는지 보여주는 대표적인 예다. 다음의 사례 연구는 부모에게 부담을 주고 싶어 하지 않는 아이가 형성한 애착 관계를 다른 각도에서 보여준다.

▶ **사례 연구**

피터의 어머니는 건강이 좋지 않았고 아버지는 항상 일로 바빴다. 피터는 어머니가 며칠 동안 침대에서 일어나지도 못할 만큼 아픈 모습을 보고 어머니에게 짐이 되어서는 안 되겠다고 느꼈던 때를 기억한다. 어머니가 그를 자랑스럽게 여긴다고 말할 때마다 자기가 어머니를 행복하게 해줄 수 있다는 사실에 행복감을 느꼈다. 학교에서 힘든 일을 겪거나 다른 아이들에게 괴롭힘을 당했을 때도 공연히 소란을 일으키거나 어머니를 힘들게 하고 싶지 않아서 아무에게도 말하지 않았다.

행동 패턴

피터는 어른이 된 뒤에도 직장 사람들, 친구 관계, 연인 관계를 비롯한 다양한 관계에서 계속 이런 패턴을 드러냈다. 다른 사람들이 화를 내는 모습을 보는 게 싫었기 때문에 결코 문제를 키우려고 하지 않았다. 그래서 결국 무기력한 상태에 처하게 됐고, 그제서야 자신의 이런 행동을 이해하는 데 도움이 될 치료를 받기 시작했다.

그는 치료를 받으면서 자신이라는 존재 자체가 남에게 부담을 주고 짜증스럽게 할 것이라는 근본적인 믿음을 갖고 있는 탓에 자신의 감정을 이야기한

적이 없다는 사실을 깨달았다. 부모님이나 선생님이 자기 상태를 눈치채지 못했다고 비난하려는 게 아니라, 자신이 경험한 세상 때문에 마음의 문을 닫고 뇌가 상황을 통제하도록 내버려둔 과정을 이해한 것이었다. 자신의 진정한 감정을 드러내지 못했고, 자기 감정을 신뢰하기보다는 다른 사람들의 반응을 살피면서 그에 맞춰 반응했다는 뜻이다. 피터는 또 자신이 민감하다는 사실을 깨달았고, 타인의 인정과 애정을 갈구하기보다 자존감을 키우는 데 집중하게 되었다.

4가지 애착 유형

자신이 안정 애착 유형인지 불안정 애착 유형인지 알아야 타인과의 관계를 방해하는 패턴을 깰 수 있다. 이런 패턴을 깨면 자신에 대한 인식과 이해도가 높아져서 이전과는 다른 선택을 내릴 수 있고, 의미 있고 진실하면서 더 깊이 있는 관계를 맺게 된다.

각자 자신의 인생 경험을 되돌아보면서 스스로 알아내야 한다. 경험은 저마다 달라도 타인과의 관계는 4가지 주요 애착 유형(불안정 불안-집착형, 불안정 부정-회피형, 불안정 공포-회피형, 안정형) 중 하나에 속할 가능성이 높다.

안정 애착 유형은 긍정적인 자아상, 고통을 잘 관리하는 능력, 자율적인 태도, 원만한 관계 구축 기술과 관련이 있다. 안정 애착을 형성한 사람은 자기 이해도가 높아서 자신에게 필요한 것을 보다 효과적으로 전달하거나 충족시킨다.

불안정 애착 유형은 부정적인 자기 인식이 특징이다. 부정적인 자기 인식은 여러 방식으로 드러난다. 예를 들어, 자신의 욕구가 충족

4가지 애착 유형 개요

애착 유형	설명	행동 특성	근원이 된 경험
불안정 불안 – 집착형	연인에게 높은 수준의 친밀감, 인정, 반응을 원한다.	연인의 애정을 걱정하고, 관계를 위협하는 것으로 인식되는 모든 대상에 예민하게 반응한다.	보호자가 아이를 벌하기 위해 애정을 보이지 않는 등 애정이 조건부라고 느꼈을 때 생기는 초기 애착이다.
불안정 부정 – 회피형	다른 사람과 감정적으로 거리를 두는 경향이 있으며 친밀한 관계를 피하기도 한다.	독립성을 우선시하고 감정을 억누르며 타인에게 잘 의지하지 않는다.	방치나 다른 형태의 학대와 관련된 초기 애착이다.
불안정 공포 – 회피형 또는 비조직화 애착형	불안형의 성향과 회피형의 성향이 혼재되어 있다. 친밀감을 원하지만 거부당하는 것을 두려워한다.	다른 사람을 잘 믿지 않고 자존감이 낮으며 타인과의 관계에서 변덕스러운 행동을 할 수 있다.	돌봄, 처벌, 애정 등의 측면에서 보호자를 신뢰할 수 없거나 일관성이 없을 때 생기는 초기 애착이다.
안정형	정서적 친밀감을 편안하게 받아들이며 스스로나 타인과의 관계에서 안정감을 느낀다.	다른 사람을 신뢰하고 세상을 안정적으로 탐색하며 스트레스 관리를 잘 한다.	의지할 수 있는 보호자와의 초기 애착 관계가 일관성 있고 애정이 깊다.

되지 않으리라는 사실을 아는 불안정 부정-회피형은 낮은 수준의 애정을 드러내면서 친밀한 관계 맺기를 피한다. 하지만 불안정 불안-집착형은 자신의 욕구를 충족시키기 위해 고통스러운 정도를 높이므로 훗날 맺은 관계에 극단적인 결과를 야기하기도 한다.

당신의 애착 유형은?

이 설문은 자기 평가를 통해 통찰을 얻고, 본인의 애착 유형을 식별하는 데 도움이 되는 설문이다. 애착 유형은 복잡하고 다양한 요인의 영향을 받기 때문에 확정적인 진단이 아님을 기억해야 한다. 자신의 기본적인 애착 성향을 전반적으로 파악하기 위한 것으로 활용하자.

아래의 질문을 살펴보면서 개인적 관계, 업무적 관계, 연애 관계 등을 떠올려보자.

1 관계를 통해 생기는 친밀감을 얼마나 편안하게 받아들이는가?

ⓐ 아주 편하다. 마음을 열고 다른 사람들과 가까워지고 감정적으로 연결되는 게 어렵지 않다.

ⓑ 조금 편하다. 하지만 다른 사람을 믿고 마음을 열기까지 시간이 걸린다.

ⓒ 불편하다. 나는 혼자 있는 걸 선호하며 마음을 열고 긴밀한 관계를 맺는 게 어렵다.

2 인간관계에서 갈등이나 다툼이 생기면 어떻게 대응하는가?

ⓐ 문제 해결을 위해 해결책을 찾고, 터놓고 소통하려는 노력을 기울인다.

ⓑ 타협하면서 중간 지점을 찾으려고 애쓰지만 조화로운 상태를 유지하기 위해 갈등을 피하기도 한다.

ⓒ 갈등이 생기면 물러나거나 거리를 두는 경향이 있다.

3 인간관계에서 버림받거나 혼자 남겨질까봐 자주 걱정이 되는가?

ⓐ 아니다. 나는 내가 맺고 있는 관계에 안정감과 자신감을 느낀다.

ⓑ 가끔 걱정한다. 관계에 긴장이나 갈등의 징후가 있을 때 특히 그렇다.

ⓒ 그렇다. 버림받을까봐 두렵고 관계에 대한 불안감을 자주 느낀다.

4 다른 사람에게 의지하거나 다른 사람이 자신에게 의지하도록 하는 것이 편한가?

ⓐ 남에게 의지하는 것도 편하고, 남이 나에게 의지하는 것도 편하다.

ⓑ 독립적인 삶을 선호하지만 필요할 때는 다른 사람에게 의지할 수 있다.

ⓒ 다른 사람에게 의지하거나 다른 사람이 내게 너무 가까이 다가오는 것을 꺼린다.

5 다른 사람을 쉽게 신뢰하고 그들이 진심으로 당신이 잘 되기를 바란다고 믿는가?

ⓐ 그렇다. 대체로 사람들을 신뢰하고 그들이 선의를 품고 있다고 믿는다.

ⓑ 나는 상대방을 신중하게 믿는다. 타인을 신뢰하기까지 시간이 걸린다.

ⓒ 아니다. 타인을 잘 믿지 않고 종종 실망할 것 같다는 느낌을 받는다.

채점: 선택한 ⓐ, ⓑ, ⓒ 답변 수를 세어보자.
- 대부분 ⓐ를 선택했다면 안정 애착형이라는 뜻이다.
- ⓑ가 대부분이라면 애착 유형이 불안-집착형이라는 뜻이다.
- ⓒ를 많이 골랐다면 애착 유형이 부정-회피형이라는 뜻이다.

이 설문은 자기 성찰을 위한 설문이며 애착 유형의 복잡다단한 면을 완전히 포착하지 못할 수도 있다는 걸 기억하자. 필요하다면 정신 건강 전문가를 찾아가 보다 정확하고 포괄적인 평가를 받는 것이 좋다.

그러나 지금 결과가 어떻게 나왔든, 앞으로도 항상 그럴 것이라는 이야기는 아니다. 변화를 이끌어내기 위한 자기 이해 과정의 일부다. 인간관계에서 자신의 행동 방식이 과거에 받은 대우에 기초한다는 것을 알아야 다른 존재 방식을 선택할 수 있기 때문이다.

자기 성찰을 위한 질문
- 이제 자신의 애착 유형을 알았으니, 유년기 시절 경험을 돌아보면서 지금 형성된 애착 유형이 어디서 유래되었는지 알아낼 수 있겠는가?
- 자신의 애착 유형이 플라토닉한 관계, 업무적인 관계, 낭만적인 관계 등 현재 맺고 있는 관계를 형성하는 데 어떻게 영향을 끼쳤는가?

- 이런 관계 형성 패턴에서 벗어나기 위해 어떤 선택을 내릴 수 있는가?
- 당신이 생각하는 건강한 관계는 어떤 모습인가?

자아 실현을 위한 욕구 단계 이론

HFA 이야기를 할 때는 '욕구'라는 단어가 자주 등장한다. 우리가 과거 경험을 바탕으로 생겨난 욕구를 충족시키기 위해 자멸적인 행동 패턴을 학습하기 때문이다. 앞서 설문을 통해 자신의 애착 유형을 확인했으니 이제 욕구 문제를 자세히 살펴보겠다.

욕구에 관해 가장 인기 있는 이론 중 하나는 미국의 심리학자 에이브러햄 매슬로 Abraham Maslow가 정립한 이론이다. 그는 인간은 모두 '자아 실현'을 이루기 위해 노력한다고 주장했는데, 자아가 실현된 상태는 '최고의 자신'을 뜻한다. 매슬로는 자아 실현 단계에 도달하려면 먼저 다양한 수준의 욕구를 충족해야 한다고 말했다.[4]

HFA를 앓는 사람은 학습된 경험을 바탕으로 무언의 욕구를 충족시키려고 항상 노력하는데 이 무언의 욕구는 우리의 행동 패턴, 차지하는 공간, 무의식적으로 따르는 규칙 등을 통해 나타난다. 하지만 다른 사람들에 의해서만 우리 욕구가 충족된다면 이런 패턴을 유지하기가 어렵고 금세 지치게 될 것이다. 자신의 욕구 충족을 외부에 의지하면 결코 자아 실현 단계에 도달할 수 없다. 그 수준에 도달하려면 내면으로 들어가야 한다.

| 개념

매슬로는 존 볼비의 애착 이론에 기초해서 욕구 계층이라는 이론을 고안했다. 욕구 계층은 인간의 욕구를 그 중요성에 따라 정렬해놓은 5단계 피라미드(오른쪽 페이지 도표 참조) 형태로 묘사되고는 한다. 첫 번째 단계는 기본적인 생리적 욕구(예: 공기, 물, 음식, 주거지, 수면)고 두 번째 단계는 안전 및 보안과 관련된 욕구다. 세 번째 단계는 애정과 소속감, 네 번째 단계는 자신과 타인에 대한 존중, 그리고 마지막 단계가 자아 실현 욕구다. 자아 실현은 성장과 자기 발견을 통해 최고의 존재가 되고자 하는 욕구인데 사람마다 고유한 목표가 있다.

| 이해

욕구 계층 피라미드에서 볼 수 있듯이 욕구는 계속 다음 단계로 이어진다. 그러나 이전 단계가 충족되지 않더라도 다음 단계에 도달할 수 있으며, 모든 단계를 달성한다고 해서 반드시 자아 실현 단계에 도달하는 것은 아니다. 매슬로는 처음의 네 단계를 충족하면 자동으로 다섯 번째 단계에 이른다고 생각하지 않았다. 예를 들어, 어떤 사람은 피라미드 각 단계의 욕구를 충족하는 게 남들보다 쉬울 수 있지만 어떤 사람은 안전한 환경, 풍부한 먹거리, 성관계 경험이 불가능할 수도 있다. 하지만 그렇다고 해서 자아 실현까지 불가능한 것은 아

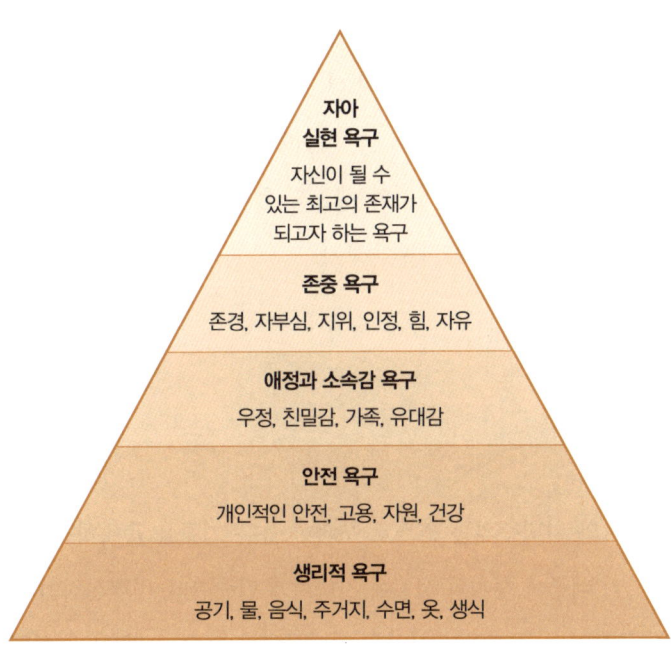

니다.

    매슬로는 개인의 성장은 지속적으로 진행되는 과정이며 우리는 항상 진화하고, 성장하고, 변화하고 있다는 이론을 세웠다. 우리는 타인과의 의사소통을 통해 자신을 향상시키고 성장 속도를 유지할 수 있다. 이런 성장은 우리의 고유한 재능, 역량, 잠재력을 수반하기 때문에 지속적으로 발전된다. 시야를 넓히고 새로운 기술을 배우고 익숙하지 않은 영역에서 스스로를 시험하는 등 도전적인 경험을 해봐야 계속 성장할 수 있다.

욕구와 HFA로 인한 완벽주의

자존감이 낮으면 피라미드의 더 높은 단계로 올라가는 걸 주저할 수 있는데, 이런 상태도 HFA 즉, 자신이 부족하다는 기분과 관련이 있다. HFA와 관련된 완벽주의 행동을 통해 매슬로의 욕구 계층이 HFA와 어떻게 연관되는지 살펴보자.

| 생리적 욕구

HFA와 완벽주의는 스스로 부과한 높은 기준을 충족하는 걸 우선시하기 때문에 성취와 성공에 지나치게 집중한다. 비현실적인 기준을 충족하려고 끊임없이 자신을 밀어붙이다 보면 수면 장애, 불규칙한 식습관, 만성 스트레스가 생긴다. 시간이 지날수록 신체 건강과 전반적인 삶에 부정적인 영향을 미칠 수 있다.

| 안전 욕구

완벽주의자는 안전하다는 기분을 느끼고 싶어서 외부의 인정에 많이 의존한다. HFA는 확실성에 대한 이런 욕구를 강화해서 과잉 각성과 실패에 대한 지속적인 두려움을 유발한다. 기대에 부응하지 못하거나 실수를 저지르는 일에 대한 두려움은 만성 불안으로 이어져서 안전감을 방해하고 불확실한 상황을 받아들이지 못하게 만든다.

애정과 소속감 욕구

완벽을 위해 노력하고 끊임없이 다른 사람의 인정이나 수용을 갈구하는 사람은 자신이나 타인의 기대에 부응하지 못할 경우에 받게 될 비판이나 거부가 두려워서 내밀한 관계를 맺기 힘들다. 자신의 진정한 모습이 받아들여지지 않을지도 모른다는 두려움이 진정한 사랑과 소속감을 경험하지 못하도록 방해한다.

존중 욕구

완벽주의자도 외부의 인정과 칭찬을 받을 수 있지만 그들의 자존감은 불가능할 정도로 높은 기준을 충족하는지, 못하는지에 달려 있다. HFA를 앓는 사람은 자기 의심과 무능감을 계속 키워가기 때문에 항상 스스로를 부족하다고 느끼거나 심지어 가면 증후군을 앓기도 한다.

자아 실현 욕구

HFA와 완벽주의는 잠재력을 최대한 발휘하면서 개인적인 성장과 성취를 추구하는 과정인 자아 실현을 방해한다. 끊임없는 완벽 추구와 자기 비판, 실패에 대한 두려움은 위험을 감수하면서 자신의 진정한 열정과 관심사를 탐구하지 못하도록 방해하므로 자기 발견과 성장 기회가 제한된다.

진정한 자아를 받아들이고 포용하자

HFA와 완벽주의는 매슬로가 주창한 욕구 계층의 균형을 깨뜨려서 낮은 단계의 욕구가 완전히 충족되지 못하게 하므로 자아 실현을 향한 진전을 방해한다. 하지만 자존감을 키우고 완벽주의를 재구성하면 불안감이나 도달할 수 없는 완벽을 추구하는 부담에서 벗어나 자신의 욕구를 잘 충족시키고 진정한 관계를 통해 성취감을 얻을 수 있다.

이 문제를 해결하고 관리하려면 불안과 완벽주의가 미치는 영향을 인식하고, 자기 자비를 키우고, 현실적인 기대치를 정한 뒤 필요할 때 지원을 얻기 위한 적극적인 조치를 취해야 한다. 이런 근본적인 문제를 해결해야 성장과 행복을 도모하면서 자아 실현이나 보다 균형 잡히고 만족스러운 삶을 향해 나아갈 수 있기 때문이다.

> 우리는 다른 사람들과의 상호 작용을 통해 우리가 누구고 어떤 사람이 될 수 있는지 이해한다. 모든 상호 작용은 새로운 것을 배울 가능성을 안겨준다.

왜 그럴까? 상호 작용이 우리 내면 세계에 무언가를 가져다주고, 기분을 좋게 하거나 도전 의식을 북돋기 때문이다. 상황이 어떻든, 배움은 우리가 미래에 원하는 모습과 관련된 지혜와 이해도를 늘려준다.

자존감이 낮으면 오래 지속되는 사랑을 찾거나 소속감을 느끼는 데 어려움을 겪는다. 다른 사람에게 사랑받고자 하는 욕구가 충족되어야 자존감이 높아지기 때문이다. 어릴 때 긍정적인 외부 관계의 기반을 경험하지 못하면 자존감 형성이 잘 안될 수도 있다.

예를 들어, 어린 시절에 눈물을 보일 때마다 보호자가 우는 건 아기나 하는 짓이니까 그만하라고 말했다면 울면 안 된다고 생각하게 된다. 보호자는 당신을 달래려고 한 말일지도 모르지만 그 말은 오히려 부정적인 믿음을 심어줬고, 그래서 정말 울고 싶을 때도 어떻게든 칭찬을 받으려고 미소를 짓게 되었다. 그렇게 다른 사람들의 인정을 갈구하면서 자란 이유는 그게 자신이 괜찮은 사람이라는 사실을 증명할 수 있는 유일한 방법이기 때문이다. 당신은 혼자 힘으로 결정을 내릴 수 없으니 길을 알려줄 다른 사람이 필요하다고 배웠다.

그러나 한 걸음 물러나서 이런 학습된 행동을 살펴보고 그 행동이 어디에서 유래된 것인지 이해하면 다른 사람들의 실제 생각이 아니라 그들이 당신을 어떻게 생각하는지에 대한 인식이 문제라는 사실이 분명해진다.

나는 상담을 진행할 때 자존감 피라미드라는 3단계 모델을 사용한다. 첫 번째 단계는 자기 인식으로, 자신의 진정한 자아와 정말 원하는 것을 인식하는 단계다. 두 번째 단계는 자기 수용이다. 여기서는 진정한 자아를 받아들이고 '나'의 모든 면을 포용한다. 세 번째 단계는 자기애로, 본인이 괜찮은 사람임을 깨닫고 단순한 수용을 넘어 자기 자신과 자신의 본질을 진정으로 사랑하게 된다.

자신이 괜찮은 사람이라는 걸 알면 지금까지와는 다르게 꽃을 피우게 된다. 나는 이걸 자기 확장이라고 부른다. 도움이 되지 않는 건 버리고 만족스러운 것들만 받아들이는 것이다.

매슬로는 모든 사람이 '최고의 성취'라고 부르는 순간 즉, 가능하리라고 생각하지 않았던 일(학위 취득, 마라톤 완주, 예술 작품 창작, 기타 중요한 인생 사건 등)을 해내는 자아 실현의 순간을 맞이할 수 있고 우리는 그걸 위해 열심히 노력하고 있다고 생각했다.[5]

자기 성찰을 위한 질문

- 지금 매슬로의 피라미드에서 어느 단계에 속해 있다고 생각하는가? 조금 더 곰곰이 생각하면서 왜 지금 그 단계에 있는 건지 이유를 되짚어보자.
- 피라미드의 더 높은 곳으로 올라가려면 스스로에게 무엇을 줘야 하는가?
- '최고의 성취'를 경험해본 적이 있는가? 만약 있다면 자신이 성취한 일이 자랑스러운가? 만약 아니라면 그 이유는 무엇인가?

사람들의 비위를 맞추는 행동을 멈추자

유년기에 정서적으로 방치된 아이는 다른 사람의 비위를 맞추는 행동을 하거나, 과도한 책임감을 가지거나, 통제한다는 기분을 느끼고 싶어 하거나, HFA의 다른 증상을 드러낼 수 있다(1단계 참조). 감정적인 욕구가 충족되지 않으면 이런 욕구를 충족할 다른 방법을 찾게 되고 이 때문에 HFA가 생길 수 있다. 좋은 소식은 이런 사실을 이해하면 행동 패턴을 바꾸기 위한 의식적인 결정을 내릴 수 있다는 것이다. 변화가 어떻게 이루어지는지 보여주는 사례가 있다.

▶ 사례 연구

마이클은 어릴 때 따뜻한 옷과 안전한 주변 환경 같은 신체적인 욕구는 충족되지만 정서적 안전에 대한 욕구는 충족되지 않는 환경에서 자랐다. 부모는 마이클이 8살 때 이혼했는데, 그는 부모가 싸우던 모습을 기억했고 어머니는 아버지가 부당한 행동을 했다고 말했다.

어른이 된 마이클은 직장을 비롯한 여러 인간관계에서 '책임감 있는 사람'이라는 역할을 맡았고 다들 그를 훌륭한 리더라고 여겼다. 마이클은 다른 사람들의 기분을 관리하고 괜찮은지 확인하면서 누군가에게 사랑받고 소속감을 느끼고 싶다는 욕구를 충족시켰다.

행동 패턴

마이클은 어릴 때 어머니가 화를 내면 상황을 악화시키고 싶지 않았다. 그래서 어머니가 더 불행해지는 걸 막으려고, 어머니에게 필요하다고 생각되는 것들을 주려고 노력했다. 어머니의 감정에 책임감을 느꼈고, 그래서 어머니에게 상처를 주지 않으려고 아버지와 시간을 보내지 않기로 했다. 이런 행동 패턴은 성인이 된 뒤에도 계속 이어져서, 마이클은 다른 이들을 책임지는 행동으로 자신이 괜찮은 사람임을 입증하려고 애썼다.

이해

마이클은 이 패턴을 인식하기 시작한 뒤에야 비로소 패턴에서 벗어날 수 있었다. 이렇게 자기 인식이 고조되면서 자존감도 높아지고 진정한 자아에 대한 깊은 이해와 수용, 평가가 이루어졌다. 그는 다른 사람의 비위를 맞추지 않아도 자기가 괜찮은 사람이라는 걸 깨닫기 시작했다. 또 모든 사람의 문제를 해결해주는 건 불가능하다는 사실을 깨우치고 그런 사실에 적응해야 했다. 마이클은 자신감과 경계 설정 능력, 타인을 존중하는 마음을 키웠고, 살면서 내리는 여러 가지 결정을 보다 의도적이고 의미 있는 것으로 의식하게 되었다.

이쯤 해서 위의 내용을 비롯해 독자들에게 공유하는 모든 사례 연구가 예시를 위한 것이라는 걸 상기시키고 싶다. 모든 사람의 경험은 독특하며 양육 방식이나 다른 요인에 따라 달라진다. 따라서 이런 이야기에 어느 정도는 공감할 수 있겠지만 이것이 본인에게 어떻게 적용되는지 제대로 알려면 자신의 경험을 살펴봐야 한다. 똑같은 자극이나 경험에도 사람마다 다르게 반응한다는 사실도 기억하자.

다른 사람들의 비위를 맞추는 행동의 양면

학습된 측면(우리가 보여주는 부분)	그림자 측면(우리가 숨기는 부분)
동기 부여	자기 비판적
도움이 됨	인정을 갈구함
생산적	부정적 자아상
조직적	단절
신뢰할 수 있음	낮은 자존감
예의바름	분개
주의를 기울임	외로움
이해	경계 부족
배려	불안
충실성	번아웃
만족	상실감

    남의 비위를 맞추는 행동은 상대방을 배려하거나 그가 행복해지길 바라서가 아니라, 자신이 안전하다는 기분을 느끼기 위해 타인의 반응을 체계화하려는 생각 때문에 한다. 남의 비위를 맞추는 행동의 기저에는 거부를 당하거나 미움을 받거나 자신을 싫어하는 것에 대한 두려움이 깔려 있다. 우리는 '거절'이라는 대안이 있다는 사실을 이해하거나 고려하지 않은 채 다른 사람의 요구를 받아들이고 비위

를 맞추면서 일생을 보낸다. 이전 페이지의 표에 나와 있는 것처럼 사실 남들 비위를 맞추는 것에는 2가지 측면이 작용한다.

다른 사람의 비위를 맞추려는 태도 버리기

남의 비위를 맞추는 태도를 버리려면 끊임없이 타인의 인정을 갈구하면서 자신의 욕구보다 남의 욕구를 우선시하는 패턴에서 벗어날 수 있도록 의식적이고 의도적으로 노력해야 한다. 또 자기 발견, 경계 설정, 자신의 주장을 진정성 있게 펼치는 방법을 배우고 스스로의 욕구 충족과 타인에 대한 수용 사이에서 건전한 균형을 이루는 과정을 거쳐야 한다.

거절하는 법 배우기

정말 거절하고 싶은데 어쩔 수 없이 승낙하는 경우가 얼마나 자주 있는가? 커피와 펜, 노트를 들고 조용한 장소를 찾아보자. 이 워크시트는 거절해야 할 때를 확실히 정하는 데 도움이 될 것이다.

- 원을 하나 그리고 위에 '시간'이라고 제목을 적는다. 이제 그 원을 수면, 일, 여행, 사교 활동, 나만의 시간, 가족, 친구 등의 카테고리로 나눠서

최근 한 달 이상의 기간 동안 평균적으로 시간을 보낸 방식을 적자. 솔직하게 적어야 한다.
- 두 번째 원을 그리고 여기에도 '시간'이라고 제목을 적는다. 이제 동일한 카테고리를 사용해서 이상적으로 시간을 보내고 싶은 방식에 따라 원을 분할한다.
- 세 번째 원을 그리고 '관계'라는 제목을 붙인다. 이제 나, 연인, 자녀, 가족(내가 좋아하는 사람), 가족(내가 좋아하지 않는 사람), 동료(좋아하는 사람), 동료(좋아하지 않는 사람), 친구(좋아하는 사람), 친구(좋아하지 않는 사람), 고객(좋아하는 사람), 고객(좋아하지 않는 사람) 같은 카테고리를 사용해서 요새 이들과 함께 보내는 시간을 원에 표시한다.
- 네 번째 원을 그리고 '관계'라고 제목을 적는다. 이제 이상적인 상황에서 함께 시간을 보내고 싶은 사람들을 원에 표시한다.
- 이번에는 지금까지 그린 4개의 원을 떠올리면서 1) 거절하고 싶거나 거절해야 하는 상황일 때 승낙했던 경우, 2) 현재 함께 시간을 보내고 있지만 별로 그러고 싶지 않은 사람을 확인할 수 있는 목록을 작성한다. 이번에도 솔직해야 한다.
- 이제 당신을 도와줄 거라고 확신하는 친하고 분별력 있는 친구나 배우자를 떠올려보자. 그리고 목록을 보면서 **이 문제에 내가 선택권이 있는지** 자문해보자. 만약 스스로에게 선택권이 있다면(십중팔구는 선택권이 있다) 그런 행동을 하거나 그 사람을 만나는 걸 그만둬야 한다. 정말 간단하지 않은가?
- 해야 할 말을 연습한 다음 정중하게 말하자. 편지나 이메일을 써도 되

> 고, 이유도 설명하는 것이 좋다. 문제에 대한 현실적인 선택권이 없다면 (가족으로서의 의무, 직장 동료, 어떤 사건 등으로 인해) 그 일이나 사람이 당신 삶에 미치는 영향을 줄일 방법을 고민하고 행동을 취해야 한다.

당신의 새로운 입장 표명이 사람들에게 충격이나 불쾌감을 줄 수 있으니 그런 상황에서 어떻게 대처할지도 미리 예상해두자. 하지만 꿋꿋한 태도를 취해야 한다. 누구의 허락도 필요치 않은 일이다. 당신의 삶을 더 행복하게 만들기 위한 일이다. 늘 말한 것처럼 행복하지 않은 상태로 살기에는 우리 인생이 너무 짧다. 원치 않는 일을 하거나 만나고 싶지 않은 이들을 만나면서 하루를 보내선 안 된다.

진정한 자신으로 깨어나자

애착 유형을 파악하거나 자신이 욕구 계층 피라미드의 어느 지점에 있는지 확인한다고 해서 지금 처한 상황에 당장 도움이 되는 건 아니지만 현재의 상황을 인식하고 자신을 방해하는 파괴적인 행동 패턴을 깰 수는 있다. 앞서 말했듯이, 이 패턴을 먼저 이해해야 이를 극복하고 무의식적으로 '나'라는 인격체를 형성해온 어린 시절의 사건에서 벗어날 수 있다.

과거가 우리를 정의했을지 모르지만 예상을 뒤엎고 자신과 연결되어 존재하는 방법을 다시 배울 수 있는 것이 바로 우리의 현재다.

물론 우리의 의식이나 마음이 이를 거부할 수도 있다. 삶에서 무엇이 바뀌어야 하는지 인식하거나 인정하는 게 항상 쉽지만은 않다. 이미 확립된 행동 패턴이 제공하는 '안전지대'에 머물고 싶은 욕구가 압도적으로 클 수도 있다. 하지만 위기 또는 붕괴가 발생하거나 지금 같은 방식으로 사는 데 지쳐서 어떻게든 변화를 이뤄야 하는 순간이 닥치면 어떨까?

자기가 하는 일이 가치 있거나 긍정적이라는 사실을 그 당시에는 느끼지 못할 수 있지만 자각을 통해 통찰력이 생기면 깨달음과 자기 확장이 뒤따른다. 그러면 가능할 거라고 생각지도 못했던 회복과 변화가 찾아오고 성장과 발전을 가로막는 장애물도 제거된다.

나는 내담자에게 자신이 왜 그런 행동을 하는지 이해하는 데 필요한 도구를 제공하는데, 이 책에서 여러분에게 제공하는 것도 그와 동일한 도구다. 이 도구는 내담자가 그런 행동 패턴에서 벗어나는 데 필요한 통찰을 얻게 해준다. 이렇게 '깨어나는 과정'을 더 일찍 경험했으면 좋았을 거라고 말하는 내담자들이 많다. 그들은 지금까지 이런 패턴을 계속 이어왔다는 사실에 좌절하고 속은 기분까지 든다고 말한다.

자신을 제한하던 핵심 신념 때문에 다른 사람을 위한 삶에 갇혀 있었고, 그 신념에서 벗어난 뒤에야 비로소 지금껏 다른 방법이 있다는 사실조차 모른 채 오랫동안 모래 속에 머리를 파묻고 살았던 것을 깨달았다고 한다. 하지만 이건 내담자들의 잘못이 아니다. 바다거북이 도움도 안 되는 인간들 때문에 자기 뇌에 변화가 생겼다는 사실을 깨닫지 못하는 것처럼 우리도 마찬가지로 아무것도 모른 채 살아왔을 뿐이다.

내 삶을 되돌아보면 지금까지 걸어온 길에 아쉬움이 든다. 나는 난독증 진단을 받은 뒤에야 비로소 내가 왜 그런 식으로 복습을 했는지, 왜 글을 읽는 데 어려움을 겪었는지 이해하게 되었다. 학교를 다닐 때 선생님이 내게 책을 몇 페이지 읽어보라고 한 적이 있다. 나는 불안과 공포에 사로잡혔지만 그래도 어떻게든 헤쳐 나갈 방법을 찾았다. 발음하기 어려운 단어도 있었고(이건 지금도 그렇다) 다른 학생들이 비웃는 소리도 들렸다. 당시 선생님들이 내가 무슨 문제를 겪고 있는지 알아차리지 못했던 이유를 이제는 안다. 내가 감정을 드러내지 않았기 때문이다. 이건 HFA의 양면적인 행동을 보여주는 대표적인 사례다. 당신도 이에 공감하는가?

자기 반성하기

어린 시절을 묘사하는 단어를 5개 적어보자(예: 도전적, 남을 잘 돕는, 모험적, 배려심, 혼란스러움).

- 이들 중 어떤 단어가 당신의 삶에 영향을 미쳤다고 생각하는가?
- 여기서 어떤 단어를 바꾸고 싶은가? 예를 들어, '남을 잘 돕는'과 '배려심'은 내가 사람들과의 관계에서 남을 잘 돕는 태도를 선택하고 도움을 제공하는 패턴을 만들었다. '모험적'은 새로운 경험과 도전을 열린 마음으로 받아들이는 자세에 영향을 미쳤다. '혼란스러움'은 다른 사람의 관점을 이해할 수 없을 때 종종 마음의 문을 닫는 태도와 연관 있다.
- 이 단어에서 자신의 행동 패턴과 관련해 어떤 통찰을 얻을 수 있는가?

자기 인식에 이르는 길을 걸어야 할 때

자신이 특정한 방식으로 느끼고 생각하고 행동하는 이유를 잘 이해하는 방법을 배우면 자기 인식을 할 수 있다. 자기 인식은 스스로를 바라보는 시각을 반영하며 개인적인 성장을 이루게 한다. 세상에 대한 스스로의 입장을 제대로 인식하는 것은 안전한 관계를 발전시키는 데 꼭 필요한 일이다.

우리는 잠재의식에서 무슨 일이 일어나는지 아직 제대로 모르지만 잠재의식이 우리 행동에 매우 중요한 영향을 미친다는 것만은 확실하다.

> 잠시 하던 일을 멈추고 제대로 의식할 수 있는 여유가 있어야 스스로를 어떻게 세상에 드러내고 있는지 깨달을 수 있다.

그렇지 않으면 어릴 때 잠재의식에 각인된 패턴이 그대로 유지되어, 상황이 변해도 자동 조종 루프가 계속 작동할 것이다.

새끼 때부터 탈출할 수 없다는 걸 가르치기 위해 쇠사슬로 묶어 놓고 키운 코끼리에 관한 이야기가 있다. 나이가 든 뒤에 사슬을 밧줄로 바꿔두면 이제 힘이 세져서 쉽게 밧줄을 끊고 도망갈 수 있지만 코끼리는 도망가지 않는다. 자신이 아직도 사슬에 묶여 있다고 믿기 때문이다. 어릴 때 머릿속에 각인된 탈출할 수 없다는 믿음이 그들을 묶어뒀던 사슬만큼이나 강하게 남아 있는 것이다. 더 이상 쇠사슬에 묶여 있지 않는데도 말이다.

이 슬픈 이야기는 우리가 어릴 때 경험한 일이 여전히 머릿속에 남아 있어서 자신이 만들어낸 사슬에 얼마나 쉽게 얽매일 수 있는지 보여준다. 우리를 안전하게 지키도록 훈련받은 뇌는 우리가 어릴 때 느꼈던 부족한 사람이라는 기분을 다시 느끼지 않도록 보호하는 행동을 이것저것 한다. 하지만 이런 행동이 점점 단단한 사슬이 되어 우리가 완전한 삶을 살지 못하도록 방해한다. 자기 인식을 높여야만 사슬을 풀고 자유로워질 수 있다.

일례로 어릴 때 어머니의 사랑을 받으려고 애썼지만 어머니가 계속 밀어내기만 했다고 가정해보자. 당신은 그 경험을 바탕으로 자신과 타인, 세상에 대한 의견이나 신념을 형성했을 것이다. '나는 사랑받을 가치가 없는 사람'이라고 생각할 수도 있고, '필요한 걸 요구해봤자 거절당할 것'이라고 여길지도 모른다. 또 다른 사람을 신뢰하거나 의지할 수 없다는 사실도 배웠을 것이다. 결국 혼자서 일을 처리하는 데 익숙해지고 의지할 사람은 자기 자신뿐이라고 생각하는 사슬에 묶이게 되었다.

그러나 이런 감정과 생각을 영원히 숨기는 것은 불가능하다. 인생의 어느 시점에서 누군가가 당신의 기대에 부응하지 못했을 때 좌절감과 분노로 드러날 테다. 자신이 과거의 기억에 묶여 있으며, 사슬이 더 이상 존재하지 않는다는 사실을 이해하지 못하면 절대 풀려나지 못한다.

자기 성찰을 위한 질문

- 스스로에게 가장 비판적일 때는 언제인가?(예: 회사에서, 연인과 함께 있을 때, 공공장소에서, 집에 혼자 있을 때 등)
- 다른 사람의 인정을 받으려고 본모습을 숨기고 연기를 한 적이 있는가?
- 주변에 있을 때 더 예민해지거나 불편함을 느끼게 만드는 사람들이 있는가? 그들의 공통점은 무엇인가?
- 언제 자존감이 높아진다고 느끼는가?
- 다른 사람들의 비판 중에서 가장 두려운 비판은 무엇인가?
- 자신의 발목을 잡는 믿음을 고수하고 있다고 느끼는가?
- 어릴 때 거부당한 경험이 떠오르는가?

| 다시 살펴보기

이제 2단계가 완료되었는데 기분이 어떤가? 잠시 책을 내려놓고 자신에 대해 배운 내용을 찬찬히 흡수해보자. 그리고 스스로를 격려해주자. 그저 이 지점에 도달한 것만으로도(이 책을 집어 들고 계속 읽을 만큼 호기심을 갖고 참여한 것만으로도) 내면에 잠자던 용기와 힘을 입증한 것이다.

'나'를 제한하던 핵심 신념과 행동 패턴을 버리고 고착된 상태에서 벗어나 자유로워질 수 있는 열쇠가 우리 손 안에 있다. 지금까지 성취한 모든 것들과 자신의 내면을 더 깊이 이해하고 싶어 하는 스스로를 자랑스럽게 여기자. 자신의 내면을 향한 여정은 때로 힘들고 감정으로 가득 찬 여정이다. 학습된 측면과 그림자 측면을 조화시키는 건 결코 쉽지 않다. 하지만 계속 나아갈 수 있을 만큼 강한 사람에게는 보상이 기다리고 있다. 그리고 나는 당신이 강한 사람이라고 믿는다.

2단계 요약

HFA가 어디서 어떻게 비롯되었는지 알았고 HFA와 관련된 행동 패턴의 기원도 이해했으니 이제 거기서 벗어나기 시작할 수 있다. 이 기회에 어릴 때부터 품고 있던 내면의 이미지와 패턴을 더 확실하게 탐색해서 이런 이미지와 패턴이 어떻게 HFA 증상이나 본인이 부족한 사람이라는 기분으로 나타나는지 알아보자. 그렇게 얻은 이해가 잠재의식에 대한 새로운 통찰을 제공해서 비밀을 밝혀내도록 도와줄 것이다.

지금은 변화할 때다. 여태 다른 사람들이 당신이 해야만 한다고 생각하는 일을 하면서 인생의 많은 시간을 낭비했을 수도 있다. 이제 잠시 멈추고 과거를 되돌아보면서 상황을 점검할 기회가 생겼다. 지금까지 이룬 것과 이루지 못한 것을 평가하고 반성하면 현재 자신에게 중요한 가치와 목표를 재평가하여 다시 구성할 수 있다. 자신에게 의미 있는 게 무엇인지 다시 생각해보자. 당신의 니즈와 욕구는 무엇인가? 당신의 존재 목적은 무엇인가? 남은 세월 동안 무엇을 하며 살아가고 싶은가?

낡은 것을 버리고 새로운 것을 위한 길을 열자. 이제 자신의 진정한 모습으로, 해야 한다고 생각하는 일이 아니라 하고 싶은 일을 할 수 있도록 허락하자. 과거를 다 털어냈으니 새로운 배움의 여정에 오를 때가 되었다. 다음의 3~5단계에서는 새로운 존재 상태로 진입하는 데 필요한 도구를 제공할 것이다. 준비되었는가?

3단계

자신과 연결되어
두려움을 초월하자

나	회사에서 프레젠테이션을 하고 싶지 않다고 하셨죠.
내담자	네, 마음이 편하지 않아요.
나	그게 무슨 뜻이죠?
내담자	다들 제가 관련 내용을 잘 알 거라고 여기지만 그렇지 않아요.
나	당신이 한 말에 누군가가 동의하지 않으면 어떻게 되나요?
내담자	저를 비판하면서 제가 멍청하다고 생각할 거예요.
나	그러니까 무언가를 '잘못'했을 때 사람들이 당신을 어떻게 생각할지 걱정이 된다는 말이죠?
내담자	네, 그들은 절 받아들이지 않거든요.
나	다른 사람들에게 거부당하는 게 두려운 건가요?
내담자	그런 식으로 생각해본 적은 없지만 맞아요, 부족한 사람이라는 인상을 주고 싶지 않아요.

자기 인식 즉, 자신의 진정한 모습을 알고 받아들일 수 있는 경지에 도달하려면 시간이 걸린다. 하지만 지금까지 했던 작업을 잘 따라왔다면 이미 그 길로 향하고 있으니 걱정하지 않아도 된다. 그러니 여기서 잠시 멈춰보자. 당신은 아마도 지금 이런 생각을 하고 있을 것이다. '그치만 왜 내가 그런 기분을 느끼는지, 그 기분의 근원은 어디인지 지금 막 알게 됐단 말이야. 마음속 깊숙이 파고 들어, 영원히 감춰져 있을 거라고 생각했던 내 일부에 닿았어. 겹겹이 쌓인 층을 벗겨내고 많은 두려움도 드러냈고. 그런데 이제 와서… 멈추라고?'라고 말이다.

물론 완전히 멈추라는 말은 아니다. 여기에서는 지금까지 함께 해오면서 발견한 내용을 검토하고 상황을 명확하게 정리할 것이다. 앞서 말했듯이 HFA는 두려움에서 비롯된다. 1단계와 2단계에서는 두려움이 어디서 생겼는지 알아내고, 숨겨두었던 두려움을 훤히 드러내기 위한 작업을 몇 가지 진행했다. 이제 계속 다음 단계를 진행하기 전에 자신의 두려움을 이해해야 한다. 그래야 앞으로 나아가 진정 자유로워질 수 있다.

> 두려움이 우리에게 무슨 말을 하려는 건지 명확하게 깨달으면 기존의 존재 방식을 잊고 새로운 방식을 배울 수 있다.

내담자들은 "그치만 이런 식으로 살지 않으면 내가 누구인지 모르겠어요"라는 말을 자주 한다. 두려움이 무엇인지 이해하고 받아들이는 것이 두려움을 떨쳐내는 데 큰 부분을 차지한다. 두려움에 쫓겨 다니지 않을 때의 당신은 어떤 사람인가?

자신의 행동 패턴 이해하기

이제 과거를 잊고 새롭게 시작하기 위한 과정에 들어섰다. 과거에 도달하기 위해 경험의 층위를 파헤치는 과정을 고고학자가 하는 일에 비유했다. 고고학자는 발굴지를 파다가 바닥에 도달하면 각 층을 면밀히 살피고 토양을 세밀하게 조사해서 모든 지식을 얻어낸다. 우리도 고고학자처럼 이런 발견 과정을 진행하는 중이다. 이전 단계에서 자신의 행동 패턴이 어디서 비롯되었는지 알았으니 이제 이해하는 게 중요하다. 이 작업이 새로운 존재 방식을 배우기 위해 밟는 첫 번째 계단이다.

유아기 때 보호자가 우리의 신체적·정서적 욕구와 안전 욕구를 충족시켜주지 못했으면 훗날 우리는 (무의식적으로) 이를 충족할 다른 방법을 찾으며 산다. 또 우리를 지지해주지 않는 보호자에게 화를 낼 수도 있고, 그들이 우리를 실망시킨다고 여긴다. 혹은 그들에게 부담이 되거나 너무 많은 걸 요구하는 일에 죄책감을 느낄 수도 있다.

우리는 어린 시절의 믿음, 패턴, 기대를 의식적으로 이해하고, 발생한 사건에 다른 의미를 부여할 수 있을 때까지 그걸 계속해서 다시 경험해야 하는 운명을 타고났다.

당신은 이미 이 과정에서 가장 어려운 부분 즉, 그림자 측면과 자기 삶에 나타나는 패턴을 인정하는 절차를 끝냈다. 이제 조금 더 깊이 파고들어 앞으로의 삶을 헤쳐 나가는 데 도움이 되는 도구를 갖춰야 할 때다. 그러면 똑같은 행동을 계속 반복하는 패턴으로부터 스스로를 해방시킬 수 있다.

삶의 패턴과 규칙을 밝히고 그 기원을 탐구하는 것은 자유와 내적 평화를 얻기 위한 첫 번째 단계다.

우리 몸에는 자체적인 기억이 있어서 그 기억 안에 감정을 저장한다. 우리에게 필요한 것을 주지 못하는 보호자에 대한 분노로부터 도망치고 그 분노를 자신을 제한하는 행동으로 돌릴 경우, 자기 내면의 힘과도 단절된다. 과거로, 유년기에 느낀 분노와 고통으로 돌아가서 그 안에 갇혀 있던 억압된 에너지를 해방시키고 이를 정신과 다시 통합하면 몸과 마음에 활력을 불어넣을 수 있다.

패턴을 이해하면 자기 내면에서 삶을 이끌어 갈 힘을 발견할 수 있다. 더 깊이 파고들수록 새로운 방향이나 목적을 찾는 데 도움이 될 내면의 힘과 독립심을 발견하게 될 것이다.

이 모든 이야기가 멋지게 들릴 테고 실제로도 멋지다. 하지만 이 지점에 도달하는 건 하나의 과정이며, 그 과정에서 마치 지진이 일어난 것처럼 우리의 근간이 흔들리는 기분이 들 수도 있다. 어떤 부분에서는 벗어나고 싶더라도 또 어떤 부분에서는 이미 알고 있는 기존의 것에 집착하기도 한다.

이런 대격변은 그 순간에는 힘들게 느껴지겠지만 과거를 놓아주는 데 필요한 부분이며 이유가 있어서 생기는 일이다. 우리는 '핵심 자아'를 이용해서 힘을 되찾아야 한다.

핵심 자아와 다시 연결되자

잠재의식에서 작용해 우리를 인도하고 성장과 발전을 조절하는 더 깊이 있는 자아 즉, 핵심 자아를 다시 조명해야 한다. 배 씨앗이 자기는 사과나무가 아니라 배나무로 자라야 한다는 걸 알고 있듯이, 우리에게도 자신이 무엇이 되어야 하고 거기까지 도달하기 위해 어떤 길을 가야 하는지 알고 있는 부분이 존재한다. 사람들이 '직감을 믿는다'라고 말할 때 어쩌면 이런 심층적인 부분을 이용하는 것인지도 모른다. 하지만 HFA를 앓는 사람은 스스로를 잘 신뢰하지 못하기 때문에 핵심 자아와의 연결이 끊어진 상태다.

자신을 신뢰하는 법을 배우고, 조용히 앉아 평화를 향해 나아가다 보면 어느새 핵심 자아와 다시 연결되어 자신을 되찾을 수 있다. 개인화, 자아 실현, 자기 달성, 각성과 같은 개념은 모두 우리가 겪은 일들을 통해 얻은 지혜와 의미를 사용해서 되고자 하는 존재로 성장하는 과정을 설명한다. 우리는 경험을 통해 성장할 수 있다.

우리를 인도하는 더 깊은 자아가 존재한다는 사실을 믿지 않더라도 주어진 상황에서 의미를 찾으면 보다 창의적이고 성공적으로 대처할 수 있게 된다. 지진을 일으켜서 낡은 것, 나를 구속하던 것들을 무너뜨리고 새로운 것을 건설할 수 있는 토대를 다져야 한다. 그게 내면의 힘에 접근할 수 있는 유일한 방법이다.

내면의 힘, 핵심 자아에 다시 연결되면 보다 완전해질 뿐 아니라 더 생생하게 살아서 현실에 뿌리를 내린 듯한 기분이 든다. 정말 근사하다.

이전에 우리를 압도하거나 겁먹게 만들었던 상황에서도 결정을 내릴 힘이 생기고 모든 게 괜찮으리라고 믿게 된다. 이 과정을 시작하는 일은 잃어버린 땅속의 보석을 캐내는 일과 같다. 우리가 그동안 숨기고 있어서 접근할 수 없었고 드러나지 않았던 긍정적인 특성을 찾기 위해 더 깊이 파고드는 일처럼 말이다.

이제 1단계와 2단계에서 배운(그리고 의도적으로 잊어버린) 내용을 활용해서 자신을 다른 방식으로 드러내야 할 때다. HFA는 두려움에 뿌리를 두고 있다는 사실을 기억하자. 두려움을 관리하는 방법 즉, 두려움이 자신을 장악하게 내버려두지 말고 두려움과 함께 춤을 추는 방법을 배워야 두려움을 극복할 수 있다. 하지만 이는 두려움이 말하려는 바가 무엇인지 이해한 뒤에야 가능한 일인데, 두려움이 내포한 내용은 사람마다 다를 것이다. 핵심 자아와 다시 연결되어야만 두려움을 떨쳐내고 기존과 다른 존재 방식을 구축할 수 있다.

HFA에 대처하는 도구 세트

인생을 바꿀 확고부동한 규칙 같은 건 없다. 우리는 모두 고유한 존재므로 어떤 사람에게 효과가 있는 방법이 다른 사람에게는 효과가 없다. 변화는 자신에게 효과가 있는 방법을 찾기 위해 다양한 일을 시도하는 데서 시작된다. 내가 할 수 있는 일은 이 작업을 시작할 도구를 당신에게 제공하는 것이다.

다음의 HFA 도구를 하나씩 시험해보고 자신에게 적합한 것을 찾자. 그리고 자신을 부드럽게 대해야 한다는 사실을 잊지 말자! 당신은 지금까지 존재해온 세월을 잊고 변화를 꾀하려는 출발점에 서 있다. 이 변화의 여정을 끝마치려면 당연히 시간이 걸린다. 그러니 언젠가는 도착 지점에 도달할 것이라는 믿음을 가져야 한다.

〈스타워즈 Star Wars〉의 팬이라면 다음의 비유를 이해할 것이다(아니라면 도구 1로 넘어가자). 제다이 마스터가 되기 위한 훈련을 받는 학생들이 요다에게 무엇을 해야 하느냐고 물었다. 요다는 "인내심을 가져야 하네, 나의 젊은 파다완"이라는 유명한 대답을 남겼다. 제다이가 되려면 주변 모든 것에 대한 관심을 줄인 채로 힘을 전달하거나 느낄 수 있는 능력이 필요하다. 그게 바로 우리가 해야 할 일이다. 감정을 조절할 수 있도록 순간에 집중해야 한다.

도구 1: 기대를 버리자

나는 인생의 어느 시점에서 기대했던 결실을 맺지 못한 탓에 크나큰 실망과 비통함을 맛보았다. 그 이후 많은 반성과 노력을 기울인 끝에 이제는 기대를 품지 않으려고 최선을 다하고 있다. 그저 상황을 지켜보면서 일이 되어가는 대로 놔두려고 한다. 이런 전략 혹은 삶의 방식을 따르면 마음이 평온해지고 삶과 사건, 나 자신을 있는 그대로 받아들일 수 있다. 물론 아직도 기대를 품을 때가 있어서 자책하곤 하지만(이건 100% 떨쳐내기 힘든 성가신 습관이다), 그래도 오랫동안 유지해온 패턴을 점점 잊어가고 있다.

기대는 자신의 미래 비전이나 사건, 행동에 대해 품고 있는 바람, 욕구, 믿음 또는 감정적 예측이다. 현실적일 수도 있고 비현실적일 수도 있는데 대개 비현실적인 기대가 우리에게 상처와 괴로움, 좌절을 안겨준다. 모든 기대가 나쁜 건 아니다. 우리를 곤란하게 하고 실패를 초래하는 건 너무 높은 기대치다.

무언가를 기대할 때는 어떤 일이 한 가지 방식으로 일어날 것이라고 믿는다. 하지만 일이 항상 계획대로 진행되는 것은 아니며 현실적으로 가능한 것보다 더 많은 걸 기대했을 수도 있다. 기대가 현실이 되지 않으면 실망하고 심지어 분노까지 품게 된다. 충족되지 않은 기대의 힘이 너무 강해서 자기 자신이나 주변 사람들, 세상을 보는 방식에 부정적인 영향을 미치기도 한다.

▶ 사례 연구

다이앤에게는 오랫동안 만나지 못한 친구가 있다. 어느 날 친구가 다이앤에게 갑자기 연락해 생일을 축하해주러 시내에 나올 예정이니까 저녁에 만나자면서 약속을 잡았다. 다이앤은 친구가 근사한 곳을 예약했으리라는 생각에 신이 났다. 하지만 친구를 만나자 친구는 다이앤에게 "뭐 하고 싶어?"라고 물었다.

다이앤은 친구가 모든 걸 준비해놨으리라고 기대했기 때문에 좌절감을 느꼈다. 다이앤은 스스로가 전혀 중요하지 않은 사람이라는 기분이 들었다. 친구가 자신의 생일을 위해 무언가를 준비할 것이라고 기대한 스스로를 질책하면서 바보가 된 기분을 느꼈다.

> 자신이 사랑스러운 존재인지에 대해 불안감과 불확실함을 느끼며 자란 아이 = 자신과 타인에 대해 높은 기대를 품은 어른.

기대를 버리려면 자기 자신과 시간을 보내야 한다. 정직한 태도와 기꺼이 마음을 열려는 의지가 필요하다. 거기에 도달하는 경로는 사람마다 다를 수 있지만 조용히 앉아서 심호흡을 하는 것도 도움이 되는 방법 중 하나다.

> ### 호흡으로 성찰하기
>
> 방해받지 않는 조용한 공간을 찾아 5분이나 10분, 혹은 그보다 길어도 상관없으니 자신에게 적합한 시간에 맞춰서 타이머를 설정한다. 단 몇 분의 호흡이더라도 의미 있는 영향을 줄 것이다.
>
> - 편안하게 앉아서 호흡에 집중한다. 해안에 파도가 부드럽게 밀려왔다가 다시 물러나는 모습을 상상한다. 이 리드미컬한 이미지에 호흡을 일치시키면서 생각이 파도처럼 오르락내리락하게 한다. 떠오르는 생각을 하나씩 관찰한 다음 그 생각이 조수에 밀려 우아하게 떠내려가도록 한다.
> - 이 순간의 나는 누구인지 생각해보자. 어떤 사람이 되고 싶은지도 생각해보자. 답을 억지로 쥐어짜내지 말고 자연스럽게 떠오르도록 해야 한다. 처음에는 어려워서 1분 정도밖에 못 버틸 수도 있지만 계속 해보자. 어느 정도의 시간이 적당하다는 규칙 같은 건 없다. 변화는 단거리 경주가 아니라 마라톤이다.

무언가를 바꾸고 싶으면 먼저 그것이 존재하고 있으며 문제가 있다는 점을 인정해야 한다. 기대를 버리는 첫 번째 단계는 자신이 기대를 품고 있다는 사실을 깨닫고 그게 무엇인지 파악하는 것이다.

자기 성찰을 위한 질문

- 자신에게 어떤 기대를 품고 있는가?
- 다른 사람들에게 무엇을 기대하는가?(그 사람의 이름을 적어도 좋다.)
- 인생에서 일어나길 바라는 사건, 미래의 꿈, 세상에 기대하는 바는 무엇인가? 기대했던 것을 얻지 못하면 기분이 어떤가?

도구 2: 마음속 소망을 되찾자

용기를 내서 다시 마음을 열려면 자신이 괜찮은 사람인지 여부를 다른 사람이 확인해주기를 바라는 일을 그만둬야 한다. 우리가 진정으로 원하는 모습과 실제로 다른 사람에게 보여주는 모습을 연결하는 고리는 남에게 재단되어 부족한 사람으로 판명되는 것에 대한 두려움이다. 이런 두려움이라는 고리를 계속 남겨둔다면 거부당했다는 기분이 들고 스스로를 부족한 사람으로 여기게 된다.

> ▶ **사례 연구**
> 셰인은 자신이 남들에게 부담스러운 존재라고 느끼면서 자랐다. 또 그는 책임감이 지나치게 강하고 아주 작고 사소한 갈등에도 힘들어하는 성격이다. 연인과의 관계에서는 상대를 편하게 받아들이면서 그가 자신을 이해한다고 느끼는 지점에 도달할 때가 있다. 하지만 셰인이 마음을 열고 상대를 친밀하게 대하면서 취약한 모습을 드러내고 평소에는 잘 보여주지 않는 일면까

지 공유하면 상대방은 아무래도 둘의 관계가 잘 될 것 같지 않다면서 더 이상 만나고 싶지 않다고 말했다.

그럴 때 셰인은 심하게 부끄러워하면서 스스로를 비난했다. 그리고 자신이 만들어둔 껍질 속으로 돌아가 꼭꼭 숨어서 부족한 사람이라는 기분 때문에 느끼는 고통도 가졌다. 그는 거부당했다는 기분을 다시는 느끼고 싶지 않기 때문에 이제는 그 누구에게도 취약한 모습을 보이지 않겠다고 다짐했다.

> 자신이 부담스러운 존재라고 여기면서 자란 아이 = 다른 사람이 자기를 어떻게 생각할지 걱정하면서 거부당하는 것을 두려워하는 어른.

이런 두려움을 극복해야만 다른 사람들에게 취약한 모습을 드러낼 수 있다. 그래야 자신을 믿고, 다른 사람의 인정을 받지 않아도 본인이 충분히 괜찮은 사람이라고 확신할 수 있기 때문이다. 다른 사람이 우리를 대하는 방식을 통제할 수는 없지만 우리는 스스로를 믿고 자기가 진정으로 원하는 걸 표현할 수는 있다.

자기 성찰을 위한 질문

아래 질문을 노트에 적거나 큰 소리로 읽어보자. 그리고 각 질문에 대한 답을 진지하게 생각해보자. 자신이 진정으로 원하는 것의 핵심에 도달하려면 여러 번 시도해야 할 수도 있다.

솔직해져야 한다. 질문에 답을 할 때는 두려워할 필요가 없고 다른 사람들이 당신을 어떻게 생각할지 걱정할 필요도 없다. 대답은 노트만 알게 될 테니까 주저하지 말자. 이 질문은 연애 관계뿐 아니라 인생의 모든 관계에 적용된다.

- 당신이 마음속 깊이 원하는 것은 무엇인가? 무엇을 갈망하는가?
- 아주 사소하게라도 자신의 욕구를 충족시키기 위해 발전시킨 행동은 무엇인가?
- 사랑받고 있다는 기분을 느끼게 하는 것은 무엇인가?
- 자신에게 필요한 것, 원하는 것이 무엇인지 남에게 알리지 못하는 이유는 무엇인가?
- 두려운 마음이 없다면 다른 사람들에게 어떤 식으로 사랑받고 싶은가? 그들이 어떤 모습으로 당신을 사랑하게 될까?
- 다른 사람(가족, 친구, 연인 등)에게 정말 원하는 것은 무엇인가?
- 우리는 모두 다른 사람이 원하는 존재가 되려고 노력한다. 다른 사람들이 어떤 식으로 당신을 원하기를 바라는가?
- 약한 모습을 보이는 것이 걱정되는가? 왜 그런가? 거부당하는 것이 걱정되기 때문인가? 남들이 부담스럽게 여길 것 같은가? 당신이 부담스럽다는 말을 어디서, 누구에게 들었는가?

도구 3: 두려움과 친해지자

두려움은 방 안에 있는 코끼리와 비슷하다. 존재한다는 건 알지만 그 존재를 인정하면 어떤 일이 벌어질지 걱정돼서 그냥 무시하기로 한다. 하지만 두려움을 계속 피할 수는 없다. 인생사가 흔히 그렇듯이 이럴 때 앞으로 나아가는 가장 좋은 방법은 두려움과 친해지는 방법이다.

아마 지금쯤 '그게 무슨 말이에요? 저는 평생 두려움을 피하고 어떻게든 안전한 기분을 느낄 방법을 찾으면서 살았는데 두려움과 친구가 되어야 한다고요?'라고 생각할지도 모른다. 그렇다, 그게 바로 내가 바라는 바다. 코끼리는 거대하고 무서운 존재일지 모르지만 지금 당신과 같은 공간에 있고 아무데도 가지 않을 것이다. 계속 피하거나 무시하려고 노력해봤자 그 자리에 계속 존재할 것이다. 무슨 수를 써도 코끼로부터 도망칠 수 없다.

1단계에서 HFA의 양면적인 행동과 그런 행동이 우리에게 미치는 영향에 대해 이야기했던 것을 기억하는가? 우리는 왜 세상이 보고 싶어 하는 모습만 보여주고, 안전하게 느껴지는 방식으로 행동하면서 자신이 정말 원하는 바나 자신의 진정한 모습은 부정하고 회피할까? 바로 코끼리 때문이다. HFA를 앓는 사람의 경우에는 단순히 코끼리와 같은 방 안에 있는 게 아니라 그의 내면에 코끼리를 품고 있는 상태와 같다.

▶ 사례 연구

조이스에게는 평소 자주 전화를 걸어서 자신의 관계 문제를 하소연하는 친구가 있다. 조이스는 친구를 화나게 할까봐 걱정되어 전화를 꼬박꼬박 받는다. 그래서 일을 하던 중에도 그 일을 중단하고 친구의 전화를 받는다. 조이스는 걱정이 많은 성격 때문에 자신이 손해를 보는 한이 있어도 항상 친구에게 시간을 내준다.

조이스는 방에 있는 코끼리와 대면하는 것보다 전화를 받는 편이 낫다고 생각하기 때문에 통화에 응한다. 친구가 자신을 필요로 하지 않는 상황, 또는 자신이 친구에게 부족한 사람으로 여겨지는 상황, 자주 이야기를 나누지 못해서 친구를 잃게 되는 상황을 두려워한다. 하지만 조이스가 코끼리와 '친해진다면' 죄책감을 느끼지 않고 적정선을 그어도 괜찮다는 걸 알게 될 것이다. 전화를 받지 않거나 친구에게 통화할 시간이 없다고 말해도 괜찮다. 조이스가 자기 자신을 먼저 생각해도 괜찮다. 그리고 친구가 좋은 사람이라면 이를 이해해줄 것이다.

> 다른 사람을 화나게 하는 것에 죄책감을 느끼는 아이 = 다른 사람을 실망시킬까봐 걱정하는 어른.

두려움과 친해지는 건 불가능한 일처럼 보일 수도 있다. 하지만 우정은 이해에서 비롯되는 경우가 많다는 점을 생각하면 우리가 택해야 하는 길이 조금 더 명확해진다. 먼저 자신이 두려워하는 이유를 알아보자. 거부당하거나 다른 사람들이 자신을 어떻게 생각할지가 두려운가? 아니면 혹시 일이 잘못될까봐 두려운가? 두려움을 여러 부분으로 나눠보자. 그 두려움은 어디서 비롯된 것일까?

자신의 두려움을 이해했다면 이제 도망가지 말고 두려움과 나란히 앉아 포용해야 한다. 장담하는데, 두려움과 일단 친해지고 나면 '내가 그동안 왜 도망쳤던 거지?'라고 의아해하게 될 것이다. 처음에는 두려움이 너무 강력하게 느껴져서 두려움과 친해지기가 어려울 것이다. 하지만 자주 마주할수록 더 쉬워진다. 두려움을 충분히 이해해서 언제 거기에 귀기울여야 하고 언제 물러나야 하는지 아는 것이 중요하다. 그러면 두려움을 관리할 자기만의 방법을 찾을 수 있다. 그리고 코끼리는 당신의 친구가 될 것이다.

자기 성찰을 위한 질문

어떤 두려움을 회피하고 있는지 솔직하게 말할 수 있다면 자신에게 다음과 같은 질문을 던져보자.
- 두려움이 속삭이는 발생 가능한 최악의 일은 무엇인가?
- 두려움이 당신을 어떻게 방해한다고 느끼는가?
- 왜 두려움을 해소하지 못할 것이라고 생각하는가?

| 도구 4: 하지 않은 말을 되돌아보자

HFA를 앓는 사람들은 다른 사람이 자신을 어떻게 생각할지에 대한 두려움이나 어릴 때 본인의 요구가 충족된 적이 거의 없어서 자신의 요구·생각은 말할 가치가 없다고 생각한다. 그렇기 때문에 정말 하고 싶은 말을 하지 못하고 주저하는 경향이 있다.

물론 모든 사람의 기분을 상하게 하고 싶은 게 아닌 이상, 자기 생각을 있는 그대로 떠들고 다닐 수는 없다. 눈치와 매너는 중요한 개념이다. 하지만 내가 이야기하는 말이란 어떤 이유 때문에 무서워서 하지 못하는 말이다. 다른 사람은 듣지 못하더라도 이런 말이 마음속에 있다는 걸 인정하고 제대로 듣는 게 중요하다. 그것이 존재한다는 사실을 인정해야 우리를 방해하는 두려움에서 벗어날 수 있다.

우리는 진짜처럼 보이는 거짓 증거를 두려워하는 경우가 많다. 어릴 때 뜨거운 라디에이터에 손을 데인 적이 있다고 가정해보자. 그때 기분이 좋지 않았기 때문에 몸은 그 기분을 다시 느끼지 않도록 보호하면서 '라디에이터 = 조심해야 하는 대상'이라는 연관성을 만들어낸다. 그 이후에 접한 라디에이터가 뜨거운지, 따뜻한지, 차가운지는 중요하지 않다. 몸은 모든 라디에이터가 불타는 듯 뜨거워서 우리를 다시 다치게 할 수 있는 힘이 있는 것마냥 조심스럽게 반응할 것이다.

감정에도 똑같은 일이 일어난다. 어릴 때 마음을 털어놓은 상대에게 조롱을 받았다거나 어떤 말을 했을 때 거부당한 적이 있다면 감정을 드러낼 경우 상대방을 불편하게 하거나 부담을 줄 수 있으니 그러지 않는 편이 좋다고 생각하게 될 수 있다. '수치심'이라는 감정을 느끼고 싶지 않기 때문에 자신에 대한 생각과 남들 앞에 보일 모습을 정해놓은 뒤 최대한 자신을 억제한다. 수치심은 별로 느끼고 싶지 않은 감정이다. 그래서 자신의 생각을 말하거나 '부담 주는 행동'을 하는 걸 피하다 보니 결국 감정의 문을 걸어 잠그게 된다.

그렇기 때문에 자신의 성장 과정에 대해 이야기하고 자기가 세상을 경험한 방식이나 자신과 타인, 세상에 대한 생각을 이해하는(비난이 아니라) 일이 매우 중요하다. 자신이 말하지 않은 말을 곰곰이 생각해보면 다른 사람들 비위를 맞추기 위해 어떻게 스스로를 억제하고 있는지 알 수 있다. 더욱 자세히 살펴보면, 자신이 매일 어떤 모습을 보이고 주변 세상에 얼마나 민감한지 알게 될 것이다. 여기서 인정해야 하는 또 하나의 중요한 요소가 있다. 바로 수치심을 조절하는 방법을 어떻게 배웠는가다. 과거에는 수치심을 숨기는 방법을 배웠지만 이제는 완전히 무시하는 건 불가능하다는 점을 깨달아야 한다.

▶ **사례 연구**

로라는 남자친구와 7년 동안 함께 살았고 두 사람 사이에는 아이도 있다. 최근 들어 로라는 남자친구에게 짜증을 내기 시작했고 종종 잔소리를 하기도 한다. 하지만 짜증을 내면 곧바로 후회하면서 피곤해서 그랬다며 사과를 건넨다. 로라는 자신이 남자친구의 기분을 상하게 할까봐 걱정한다는 사실을 외면하고 있다. 과거에도 이랬던 적이 있어서, 남자친구가 자신에게 싫증이 나면 떠날 거라고 생각하는 것이다.

그래서 로라는 진심으로 화가 나서 분노에 찬 말을 퍼붓고 싶어도 이를 악물고 참는다. 자신이 생각하는 일이 실제로 일어날 수도 있기 때문에 생각을 말하거나 요구 사항을 표현하는 것을 두려워하는 것이다. 하지만 로라가 생각을 다시 정리해서, 본인의 진정한 감정을 드러내도 남자친구가 떠나지 않는다는 걸 안다면 자신이 진실을 말해도 되는 가치 있는 사람임을 깨닫게 될 것이다.

> 정서적 욕구가 충족되지 않은 아이 = 버림받는 것이 두려워서 다른 사람을 화나게 할까봐 걱정하는 어른.

어떤 면에서 볼 때 도구 4는 자기 자신과 함께 앉아 진정한 자아를 생각해야 한다는 점에서 도구 1과 2를 결합시킨 것이라고도 할 수 있다. 아래의 '자기 성찰 위한 질문'을 이용해서 그동안 입 밖에 꺼내지 않은 말과 이유를 생각해보자. 과거에 속내를 털어놓지 않았던 경험을 되돌아보면서 그 이유를 생각하자. 누군가의 감정을 상하게 할까봐 걱정이 된다면 그런 걱정이 정말 상대방 때문에 든 것인지 아니면 그를 화나게 하고 싶지 않다는 죄책감 때문에 든 것인지 자문해보자.

스스로에게 친절해야 한다. 물론 쉬운 일이 아니다. 입 밖에 내지 않은 말들을 모두 수면으로 떠오르게 한 뒤 어딘가에 적어두거나 자신에게 말해보자. 그 말들이 자신에게 무슨 의미인지, 어디에서 비롯된 것인지, 그리고 왜 그 말들을 못하는지 생각해보자.

자기 성찰을 위한 질문

- 세상에 무슨 말을 하고 싶은가? 아니면 특정한 누군가에게 하고 싶은 말이 있는가?
- 자신과 관련해 주저하는 일이 있는가? 왜 주저하는가?
- 당신을 두렵게 하는 것은 무엇인가?

도구 5: 거부와 맞서 싸우지 말자

솔직히 말해서 거부당하기를 좋아하는 사람은 아무도 없다. 이건 정말 압도적인 감정이다. 거부는 나에게 심각한 문제가 있다는 기분이 들게 하므로 어릴 때는 어떻게든 거부당하는 걸 피하려고 했다. 하지만 그런 생각을 바꿔야 한다. 누군가가 우리 의견에 동의하지 않는다고 해서 우리가 부족한 사람인 건 아니다.

단순히 거부당하고 싶지 않다는 생각 때문에 하는 일이라면 그 일을 하는 과정에서 결국 자신을 잃게 된다! 취약성을 다시 정의하고, 이를 다르게 보는 방법을 배우고, 일상생활 속에서 민감성을 살피는 방법을 관리해야 한다. 이 문제는 다음 단계에서 더 자세히 살펴보겠다.

나는 거부를 내면의 싸움이라고 생각한다. 당신은 자신이 부족한 사람이라고 믿고 다른 이들도 자신을 그렇게 바라볼 것이라고 생각하기 때문에 거부당할 수 있는 상황에 처하는 걸 피할 테다. 하지만 당신이 정말 피하고 있는 것은 당신 자신과 당신이 진정으로 원하는 것들이다.

앞서 이 단계의 도입부에서 내담자와 나눈 대화의 일부를 공개했다. 내담자는 처음에는 곧 있을 프레젠테이션이 걱정된다고 말했지만 실제로 그가 걱정한 것은 동료들의 거부에 대한 두려움인 것으로 밝혀졌다. 이 사실을 깨달을 수 있도록 도와주자 그는 프레젠테이션에 대한 감정을 재구성하여 자신을 방해하는 두려움을 떨쳐내고 자신 있게 프레젠테이션을 할 수 있었다.

▶ **사례 연구**

심란은 일자리를 찾으려고 노력 중이다. 8개의 회사에 지원했지만 아직 그에게 연락을 한 회사는 없다. 취업 준비 중인 그의 친구들 중에는 이미 면접을 보고 결과를 기다리고 있는 사람도 많다.

심란은 실패자가 된 듯한 기분을 느끼면서 자신에게 무슨 문제가 있는 건지, 단 한 곳에서도 연락을 받지 못한 이유가 무엇인지 궁금했다.

그는 채용 담당자들이 자신을 좋아하지 않기 때문에 거부당했다고 느낀다. 사실 심란이 지원한 회사에서 연락이 없는 데에는 여러 가지 이유가 있지만 자신에 대한 제한된 생각 때문에 그는 스스로를 부족한 사람이라고 믿었고 결국 전부 자기 잘못이라고 생각하는 지경에 이르렀다.

> 항상 비난받던 아이 = 자신을 다른 이들과 비교하면서 스스로를 부족한 사람이라고 생각하는 어른.

로마 황제이자 철학자인 마르쿠스 아우렐리우스Marcus Aurelius가 남긴 유명한 명언 중에 "길을 가로막는 것이 길이 된다"라는 말이 있다. 우리에게 길을 가로막는 장애물에 적응하고 새로운 길을 개척할 능력이 있다는 뜻이다. 우리는 어떻게 대응할지 선택할 수 있다. 그리고 거부는 그런 장애물 중 하나다. 그 장애물을 무너뜨리면 '거부 = 새로운 방향 설정'이 된다. 거부가 두려울 때는 자신을 억제하게 된다. 앞으로 나아갈 수 없고, 진정한 자신이 될 수 없으며, 장애물을 극복할 수도 없다. 우리가 할 수 있는 일은 계속 한 자리에서 맴도는 것뿐이다.

그러니 **내가 거부당했을 때 일어날 수 있는 최악의 상황은 무엇인지** 자문해보자. 거부당하면 기분이 좋을 수 없겠지만 그 상황을 받아들이고 이용해서 다른 길로 나아갈 수 있다. 그렇게 계속 살아가면 된다. 길에 장애물이 놓여 있다고 해서 걷는 걸 멈춰야 하는 것은 아니다. 다른 길을 선택하면 된다.

자기 성찰을 위한 질문
- 무시당한 기분을 느꼈던 상황을 떠올려보자. 그 상황을 자신의 문제로 여기지 말고 다른 방식으로 재구성할 수 있는가?
- 거부에 대한 두려움 때문에 피하고 있는 일이 있는가?
- 그렇다면 다른 방식으로 접근할 수 있는가? 아니면 선택할 수 있는 다른 길이 있는가?

| 도구 6: 과거를 살펴보면서 유발 요인을 찾자

앞서 우리에게 필요한 것을 제공해주지 않은 보호자에 대한 유년기의 분노를 차단하면 자기 내면의 에너지·힘과도 멀어지거나 단절된다고 말했다. 우리를 방해하는 분노를 '자신을 안전하게 지키는 행동'으로 바꿔야 한다.

어린 시절로 돌아가 '유발 요인'을 통해 자신의 패턴을 이해하는 방법을 배우면 묻혀 있던 분노를 찾아낼 수 있다. 하지만 분노는 부차적인 감정이다. 그 아래에 존재하는 상처, 슬픔, 고통을 꺼내봐야 한다. 억누르고 있던 에너지와 연결되면 깊숙이 묻어뒀던 감정 속으로 더 깊이 들어갈 수 있다. 연구에 따르면 이런 해소되지 않은 감정이 신체적인 질병으로 나타날 수도 있다고 한다. 그러므로 분노를 파악하는 일은 치유 과정에서 매우 중요한 부분이다.

분노와 고통을 처리하면 억압된 에너지가 해방되어 우리 정신과 다시 통합된다. 그러면 자신이 더 온전하게 살아 있고, 나 자신과 연결되어 있으며, 든든한 기반을 갖고 있다는 기분이 든다. 더 깊숙한 곳까지 파고들어서 그동안 숨겨져 있었던 탓에 접근할 수 없었던, 표현되지 않은 긍정적인 특성도 되찾을 수 있다. 과거로 돌아가서 그동안 알고 있던 것을 잊으려고 노력하면 이전에 부정했던 자아의 일부분을 다시 발견할 기회가 생긴다.

과거에 연인이 바람을 피웠거나 모종의 이유로 헤어졌다고 가정해보자. 그러면 그때의 관계에서 받은 상처와 고통 때문에 다른 사람과 사귈 때 관계에 헌신하는 걸 두려워하게 된다. 특히 이런 상처를 '극복'하기 어려운 경우, 자기 파괴적인 행동이 촉발된다. 그러면 의미 있는 관계를 맺지 못한다. 뜨거운 라디에이터에 화상을 입었던 것처럼 과거에 상처와 고통을 느꼈으므로 이제는 그런 기분을 다시 느끼고 싶지 않아서 새로운 사람에 대한 헌신을 피하는 것이다.

> 상심한 아이 = 헌신적인 관계를 두려워하는 어른.

친구들이 나를 소외시킨다고 느끼거나 과거에 친구에게 배신당한 일이 있다면 스스로를 부족한 사람이라고 생각하게 되고, 그래서 자신을 안전하게 지키기 위해(혹은 자신이 안전하다고 생각하는 상태를 유지하기 위해) 사람들과 거리를 두는 행동을 한다.

이 책의 이전 단계를 완료하는 동안 이미 과거를 어느 정도 파헤쳤다. 이를 통해 아마 지금의 자신을 형성한 사건을 찾아냈거나 발목을 잡고 있는 자기 파괴적인 행동 패턴을 인식했을 것이다. 이 작업을 계속해야 한다.

> **행동 유발 요인 확인하기**
>
> 플라토닉한 관계든 업무적인 관계든 낭만적인 관계든 상관없이 과거에 맺은 관계를 되돌아보면서 자신에게 물어보자. **왜 그런 일을 했을까? 왜 그런 식으로 행동하기로 한 걸까?** 잠시 그 답을 떠올리면서 무엇이 그런 행동과 반응을 유발했는지 생각해보자. 자책하지 말고 그저 떠오르는 생각들을 이해하고 받아들이면 된다. 필요한 경우 답을 노트에 적어두는 것도 좋다.

더 많이 파고들수록 자신에 대해 많이 알게 되고, 많이 알수록 자기가 그렇게 행동하고 느끼는 이유를 잘 이해하게 된다. 자기 인식이 커지면 스스로에게 긍정적인 선택을 하고, 죄책감과 수치심을 잘 관리하며, 나를 방해하는 두려움을 해소할 수 있다.

자기 성찰을 위한 질문

- 다른 사람과 관계를 맺는 방식에 어떤 패턴이 있는가?
- 놓아줘야 할 과거의 무언가를 계속 붙잡고 있는가?
- 두려움 때문에 포기한 것은 무엇인가?

도구 7: 낡은 규칙은 잊어버리자

책의 앞부분에서 설명한 것처럼 우리는 어린 시절의 경험을 바탕으로 자기가 어떤 사람이고 인생에서 무엇을 기대할 수 있는지, 다른 사람과 어떻게 관계를 맺어야 하는지에 대한 생각을 키워간다. 이것이 우리가 삶을 살아가는 '규칙'이 된다. 예를 들어, 어릴 때 어떤 불행, 고통, 어려움을 겪었다면 이로 인해 감정적인 상처를 받아 '나는 사랑받을 가치가 없는 사람'이라는 생각을 하게 될 수 있다. 그러면 다른 사람들과 함께 있을 때 무의식적으로 정해놓은 규칙을 따르면서 자신을 드러내지 않으려고 애쓰게 된다. 그리고 '나는 불쾌한 사람'이라고 믿으면서 이 렌즈를 통해 모든 상호 작용을 바라본다.

우리는 과거의 트라우마 속을 돌아다니면서 안전함을 느끼는 데 도움이 되는 패턴과 규칙을 만든다. 이 패턴과 규칙을 이해하는 과정에서 슬픔, 무가치함, 분노 같은 예전의 감정을 다시 느낄 수밖에 없다.

이런 패턴과 규칙을 일단 밝혀내야 패턴과 규칙이 더 이상 우리를 구속하지 않도록 바꿀 수 있다. 우리 행동의 근본 원인과 미치는 영향을 알면, 직관적인 통찰의 공간으로 들어가서 패턴과 규칙을 보다 객관적으로 바라보면서 그것이 형성된 방식을 이해할 수 있다. 패턴과 규칙에 대한 이해가 바로 우리가 따르는 규칙을 정리하고 자유를 얻기 위한 첫 번째 단계다.

▶ 사례 연구

타마라는 친구와 저녁을 먹는 중이었다. 친구는 이번 주 내내 너무 바빴기 때문에 얼른 집에 가서 잠옷으로 갈아입고 싶다고 했다. 웨이트리스가 접시를 치우러 와서 디저트를 먹겠느냐고 물어본다. 타마라는 피곤해서 빨리 집에 가고 싶다는 친구의 시간을 더 빼앗고 싶지 않아서 디저트를 거절한다. 자기가 좋아하는 식당에서 디저트를 먹는 순간을 하루 종일 기대했고 앞으로 몇 달 동안은 이곳에 다시 올 수 없는데도 그렇게 한 것이다.

타마라는 왜 자신이 원하는 것을 참은 걸까? 다른 사람의 공간과 시간을 빼앗는다는 인상을 주고 싶지 않았고 친구가 결정하도록 양보하는 걸 선호하기 때문이다. 타마라는 호감을 사고 싶고 친구를 화나게 하고 싶지 않다는 규칙에 갇혀 있다. "빨리 집에 가서 자고 싶다고 한 건 아는데, 디저트는 먹고 가는 게 어때? 하루 종일 디저트 생각만 했거든"이라고 말해볼 수도 있었을 것이다. 하지만 타마라는 자신의 욕구를 억제하는 쪽을 택했다.

> 조건부 사랑을 받은 아이 = 다른 사람을 귀찮게 하면 거부당할까 봐 걱정하는 어른.

2단계에서는 유년기의 삶을 깊이 파고들었다. 그러니 지금쯤이면 자신의 행동 패턴과 그 패턴이 어디에서 비롯되었는지 어느 정도 이해했을 것이다. 아직 잘 모르겠다면 해당 단계로 다시 돌아가서 조금 더 시간을 들여 근본 원인을 찾아보자.

패턴을 파악했다면 이제 그 패턴에서 벗어나기 위해 의식적인 노력을 기울여야 한다. 물론 시간이 걸릴 테고 몇 번씩 실패할 수도 있다. 다른 사람의 도움이 필요할 수도 있다. 하지만 중요한 건 자신을 이해하기 위해 계속 노력하는 것이다. 자기가 기울인 노력을 일지처럼 기록하는 것도 좋다. 일지는 좌절뿐 아니라 성공에 대한 기록이자 얼마나 멀리 왔는지에 대한 기록이기도 하기 때문이다.

자기 성찰을 위한 질문

상자로 둘러싸인 상태로 살아간다고 상상해보자.

- 그 상자의 규칙은 무엇인가?
- 당신은 매일 어떤 모습으로 나타나는가?
- 사람들 앞에서는 어떤 모습을 보이는가? 혼자 있을 때는 어떤 모습인가?
- 인생에서 가장 중요한 3가지 규칙은 무엇이고, 이 규칙이 어떤 방식으로 당신을 제한하거나 확장한다고 생각하는가?

| 도구 8: 경계를 구현하자

경계를 구현한다는 것은 우리 삶에서 대처할 수 있는 것과 대처할 수 없는 것을 정한다는 뜻이다. 경계는 자신에게만 그을 수 있다는 사실을 기억해야 한다. 경계는 자신이 선택한 것이며 다른 사람의 행동을 통제하는 데 사용할 수는 없다. 우리의 대응 방식이 곧 경계다.

자존감에 따라 경계가 구현된다는 사실도 기억하자. 자존감이 낮거나(대부분의 HFA를 앓는 사람이 그렇다) 다른 사람을 통해 자존감을 얻어야 한다고 느끼는 경우에는 경계가 자존감을 정의한다. 자신이 괜찮은 사람이라는 기분을 느끼기 위해 평소라면 참지 않았을 일들을 참아왔을 테다. 하지만 자기 존중에 대해 배우고 스스로와 좋은 관계를 맺을수록 경계가 점점 달라지면서 더 강해질 것이다.

관계 내에서 생긴 적절하지 못한 형태의 애착에서 벗어나면서 동시에 새로운 경계를 만드는 방법도 배워야 한다. 더 이상 괜찮은 사람이 되어야 한다거나 다른 사람이 원하는 모습을 보여줘야 한다는 생각에 사로잡히지 않는다. 이제 부스러기에 만족하지 않고 온전한 케이크 조각을 원한다.

일례로 연인 관계에서는 상대방을 화나게 하거나 거부당하고 싶지 않다는 마음에 자신의 바람과 상관없이 상대방이 원하는 것에 무작정 동조하거나 자신의 요구는 충족될 가치가 없다고 생각해왔을 수도 있다.

> 자신이 남에게 부담을 준다고 느끼면서 자란 아이 = 연인을 화나게 하면 떠날까봐 걱정돼서 솔직하게 말하는 걸 두려워하는 어른.

그러나 이런 패턴에서 벗어나면 다른 모습이 나타난다. 더 이상 자신이 괜찮은 사람인지 여부를 점검하거나 거부당할 일을 걱정하지 않는다. 대신 옳다고 생각되는 길을 따르고 의사소통 방식을 선택해 더 건강한 관계를 구축하게 된다. 나아가 연인과의 관계뿐 아니라 모든 종류의 관계에서 경계가 재설정된다.

자기 성찰을 위한 질문

플라토닉한 관계든 낭만적인 관계든 업무적인 관계든 자기 인생에서 중요한 관계를 생각해보자. 그리고 정말 객관적인 시선으로 바라보자. 그런 다음 스스로에게 아래의 질문을 던진다. 다른 사람의 행동뿐 아니라 자신의 행동도 살피면서 솔직하게 답해야 한다. 답을 적어보는 편이 좋다. 기록이 상황을 명확하게 인지하는 데 도움이 되기 때문이다. 하지만 그냥 혼자 앉아서 이런 질문들을 던지기만 해도 문제의 진실을 알게 될 것이니 꼭 기록할 필요는 없다.

- 관계 안에서 당신의 요구가 상대방의 요구와 동일한 비중을 차지하고 있다고 느끼는가?
- 당신의 진짜 감정을 상대방에게 드러낼 수 있는가?
- 어떤 경계를 설정해뒀는가? 어떤 경계를 바꾸거나 구현하고 싶은가?
- 관계에서 가장 걱정되는 점은 무엇인가?

- 이전에 맺었던 관계에서 어떤 패턴을 가져왔는가?
- 그 관계에서 바꾸고 싶은 것이 있는가?

도구 9: 자신의 가치를 인정하자

모든 사람이 당신을 이해하거나 연결되기를 원할 거라고 기대할 수는 없다. 이 사실을 이해해야 사람들 앞에 드러내는 모습이 달라진다. 다른 사람들이 당신에게 보이는 태도나 행동하는 방식에 억지로 맞출 필요는 없다.

자신의 삶을 이끌어 갈 내면의 힘을 찾을 기회다. 내면에서부터 안정된 기분을 느껴보자. 나무를 밀어서 쓰러뜨리려고 하는데(물론 그러지 않겠지만 그냥 예시니까 끝까지 들어보기 바란다) 뿌리가 땅 속으로 너무 깊게 뻗어 있어서 불가능하다고 상상해보자. 당신도 이 나무처럼 될 수 있다! 여러 도구를 이용해 새로운 방향 감각이나 목적을 찾는 데 도움이 될 내면의 힘과 독립심을 발견하자.

이제 자신의 충만한 빛 속에 모습을 드러내고 스스로의 진정한 모습을 인정해야 한다. 세상에 보여줄 수 있는 것들이 정말 많으니 더 이상 주저하지 말자.

▶ **사례 연구**

로힛은 친구들과 외출할 때마다 운전을 자청한다. 아주 가끔 친구들에게 운전을 해 달라고 부탁하기도 하지만 친구들은 항상 로힛에게 운전을 맡기기 때문에 그들을 화나게 하고 싶지 않아서 받아들이곤 한다.

친구들을 태우고 장시간 운전을 하고 나면 늘 피곤하다. 또 친구들은 로힛이 별로 관심 없는 주제에 대해 이야기하지만, 소외되거나 배제되는 느낌을 받고 싶지 않아서 계속 대화에 끼려고 노력한다. 하지만 친구들 마음을 상하게 할까 걱정돼서 항상 운전을 맡는 것에 대한 속내를 말하지 않고, 자신이 좋아하는 주제에 대한 이야기도 꺼내지 않는 바람에 로힛은 빛을 잃어가고 있었다. 그는 자신의 가치를 제대로 인정하지 않았다.

> 조건부 사랑을 받은 아이 = 다른 사람들과 어울리면서 괜찮은 사람이라는 기분을 느끼고 싶어서 본심을 숨기는 어른.

당신은 충분히 괜찮은 사람이다. 당신 내면에는 이미 필요한 것이 전부 있다. 이제는 과거가 당신을 제한하지 않는다. 잠시 혼자 있는 시간을 가지자. 거울을 들여다보거나 눈을 감은 채로 '나는 괜찮은 사람이다. 나는 유능하고 가치 있는 사람이다. 내 빛을 환히 비출 것이다'라고 스스로에게 말해보자. 자신이 성취한 것들을 기억하자. 더 이상 숨길 필요가 없다.

자기 성찰을 위한 질문

- 자신을 억제하고 있다는 사실을 어디서 알아차리는가?
- 자신의 빛을 숨기고 있다는 걸 어디서 의식하는가? 주변에 특히 그런 모

습을 보여주는 사람이 있는가? 만약 있다면 그 사람의 어떤 면 때문에 당신이 이런 행동을 한다고 생각하는가?
- 당신에 대한 다른 사람들의 생각 중에 걱정되는 부분은 무엇인가?
- 누군가가 당신에 대해 할 수 있는 최악의 말은 무엇이고, 그 말이 당신에게 중요한 이유는 무엇인가?

도구 10: 자신에게 솔직해지자

자신에게 솔직해져야만 변화를 시작할 수 있다. 정말, 진정으로 정직해야 한다는 뜻이다. 이건 다른 사람과 관련된 이야기가 아니라 오직 당신하고만 관련된 이야기다. 당신만이 자신을 위해 이 일을 할 수 있다. 앞서 설명했듯이, 이런 자기 분석은 묻어두려고 했던 과거의 심층적인 문제를 수면 위로 드러내기 때문에 꽤 어렵고 고통스럽다. 하지만 문제를 더 이상 숨기지 말고 직면해야 진정으로 자유로워질 수 있다. 그 지점에 도달하려면 정직해야 하고 더 이상 도망가지 말아야 한다.

HFA를 앓는 사람은 자신에게 솔직해지는 게 어떤 기분인지 거의 잊어버렸다. 고치 속에서 깨어나기를 기다리고 있는 나비에 대한 비유를 다시 떠올려보자. 최고의 자아로 거듭나는 데에 이런 깊고 정직한 성찰의 기간이 얼마나 필요한지 분명히 알 수 있을 것이다. 과거의 상처와 현재의 새로운 패턴을 받아들일 기회다. 힘들겠지만 자신이 완벽하지 않다는 걸 인정해야 한다. 세상에 완벽한 사람은 없다. 이 사실을 인정하는 것은 유년기의 경험 때문에 좌절되었던 자신에 대한 믿음과 힘을 다시 한번 느끼기 위한 과정이다.

▶ **사례 연구**

오랫동안 다른 사람들이 바라는 대로 따르기만 하면서 자신을 위한 선택을 하지 않았던 샘은 이제 어디에 가고 싶은지, 무엇을 하고 싶은지, 무엇을 좋아하는지 스스로 결정해야 한다. 샘은 자신이 원하는 게 무엇인지 모르기 때문에 이런 선택 앞에서 압박감을 느낀다. 하지만 그래도 상관없다. 누군가와 데이트를 하면서 서서히 알아가는 것과 같다고 생각하면 된다. 막 만났을 때는 상대방에 대해 전부 알 수는 없는 것처럼 새로운 버전의 자신을 알아갈 때도 마찬가지다. 인생 여정에는 인내심을 갖는 것도 중요하지만 그 과정에서 배우는 것도 중요하다. 모든 걸 알고 있을 필요는 없다.

> 자신이 원하는 걸 요구해도 된다고 느끼지 못한 아이 = 자신의 요구에 어찌할 바를 몰라 하면서 강하게 주장하지 못하는 어른.

이번 단계에서 소개한 모든 도구는 자신에게 정직해지는 연습을 위한 도구다. 도구 1~9를 거쳐왔다면 지금쯤 상당히 깊은 곳까지 파고들었을 것이다. 결과는 계속 진행하는 데 달렸다. 도구 10을 이용해 자신과의 상호 작용, 세상에 자신을 드러내는 방식, 스스로에게 말하는 방식을 솔직하게 털어놓자. '나는 부족한 사람이다', '내 기분은 중요하지 않다', '그러지 않는 게 나을 것 같다' 등 안전하다는 기분을 느끼기 위해서 스스로에게 되뇌이던 거짓말을 버리자. 그런 거짓말들은 그저 당신을 방해할 뿐이다.

> ### 자기 성찰 무드 보드
>
> 이제 창의력을 발휘해서 무드 보드를 만들어볼 차례다. 카드나 노트 가운데에 이름을 쓰고 그 주위에 자신이 어떤 사람인지 보여주는 단어와 그림을 추가한다(잡지에서 오려낸 사진을 써도 되고 디지털 방식을 활용해도 좋다).
>
> 이제 이 무드 보드를 누군가에게 보여줘야 하는데 그 사람에게 자신을 어떻게 생각하는지 보여주는 게 매우 중요하다고 상상해보자. 처음에는 어렵게 느껴질 수 있다. 특히 전에 스스로에 대해서 이야기해본 적이 없다면 더욱 그럴 것이다. 하지만 이제 두렵더라도 어떻게든 자신의 모습을 드러내야 할 때다.

그리고 이 책에는 과거를 놓아주고, 정직함을 택하고, 적절한 경계를 정하고, 자신이 괜찮은 사람이라고 느끼는 법을 배우기 위한 첫 번째 단계를 밟을 때 도움이 되는 도구 세트가 있다.

3단계 요약

3단계를 마친 스스로를 축하하는 시간을 잠시 갖자. 자기 성찰을 위한 질문에 전부 답했다면 자신의 그림자 측면을 꽤 많이 마주했을 텐데, 쉽지 않은 일이었을 것이다. 하지만 이 단계는 자신의 양면을 통합하고 두려움이나 제한적인 규칙, 자기 의심이 없는 삶을 살기 위한 과정에서 매우 중요한 단계다. 이제 새로운 것들을 위한 공간을 마련하기 위해 자신을 묶고 있던 오래된 사슬을 끊어내야 한다.

4단계에서는 새로운 버전의 당신과 함께 노력하는 과정을 계속 진행할 것이다. 나를 찾아온 내담자들이 대부분 그렇듯이, 당신도 아직 그 사람이 누구인지 잘 모르겠지만 그래도 상관없다. 여유를 갖고 천천히 알아가자. 모습을 드러낼 시간이 될 때까지 번데기 단계에 머물러 있어도 된다. 우리는 아직 여행 중이다. 빛이 내리쬐는 공간으로 나올 준비가 되었는가?

4단계

민감성을 받아들이고
자기 신뢰를 회복하자

4단계에서는 '매우 민감하다'라는 말이 의미하는 바를 자세히 설명하고 싶다.

매우 민감한 사람은 긍정적인 일이든 부정적인 일이든 사물을 더 깊고 크게 느낀다. 그래서 좋은 일이 생기면 크게 즐거워하지만 좋지 못한 일이 생기면 스트레스 수준, 관계, 대처 능력에까지 크나큰 타격을 받는다. HFA를 앓는 사람은 자신의 이런 민감한 부분이 너무 지나치다고 생각해서 민감성을 숨기는 법을 배웠겠지만 사실 민감성은 우리가 지닌 세심한 명철함을 전달하는 매개다. 그리고 이런 명철함은 보다 깊고 의미 있는 관계를 다룰 때 도움이 된다.

내 경우에는 이 사실을 이해하면서부터 모든 게 바뀌었다. 그동안 갇혀 있던 머릿속에서 마침내 벗어나 그 공백을 메울 이야기를 스스로에게 들려줄 수 있었다. 민감성에서 도망치는 걸 멈추고 실제로 느끼는 것들을 받아들였다. 그래서 이번 단계에서는 자신의 민감성을 받아들이는 연습을 할 것이다.

민감성에 자리를 내주자

민감성의 의미를 분석해보자. 민감성의 핵심은 감각을 통한 외부 세계와의 연결에 있다. 이는 모든 인간이 경험하는 것이다. 우리가 더 민감한 이유는 다른 이들에게 잘 맞춰주고 또 목소리 톤이나 몸짓 언어의 변화 같은 미묘한 요소까지 감지할 수 있기 때문이다.

그러나 자신의 민감성을 이해하지 못할 때는 색안경을 쓰고 세상을 바라보면서 누군가에게 생긴 변화를 본인이 무언가 잘못했다는 믿음과 동일시하게 된다. **'누군가의 변화 = 내가 무언가 잘못했다'** 이게 우리가 바꿔야 하는 방정식이다.

2단계에서 가족이 나를 위해 안전한 공간을 마련해줄 수 없다는 느낌이 들어서 나를 더 눈에 안 띄는 존재로 만들기로 했다는 이야기를 했다. 3단계에서는 유년기의 경험 속으로 더 깊숙이 들어가 껍질을 하나씩 벗겨내면서 우리의 민감한 내면과 스스로를 보호하기 위해 품었던 두려움을 드러냈다. 이 두려움을 이해하면 우리가 겪는 문제에 힘차게 맞서는 데 필요한 도구를 얻을 수 있다. 민감한 성격은 수치심을 극복하고, 의심을 품게 만들던 속삭임을 역량 강화를 위한 교향곡으로 바꾸는 힘이 있다.

4단계에서는 민감성을 유지하면서 민감성이 계속 존재할 수 있는 공간을 만드는 방법을 배울 것이다. 더 이상 '나'를 가둬두지 않고 어둠 속에서 데리고 나와 빛을 보게 할 것이다. 모든 게 날것이고 새로워서 힘들 수도 있지만 이런 불편함은 일시적이다. 오랫동안 불안과 죄책감, 수치심에 시달리다가 이제 겨우 놓아주는 방법을 배우고 있으니 말이다.

불확실성과 두려움으로 후퇴하지 않고 자신을 신뢰하는 법을 배우게 될 것이다. 두려움이 만들어낸 이야기를 듣지 않고 민감성이 하는 이야기에 귀기울이게 될 것이다. 이제 끝없는 두려움에서 벗어나 빛 속에 설 시간이다. 운전대를 차지한 자는 두려움이 아니라 당신이다. 두려움은 조수석에 앉아 있다. 원한다면 두려움이 속삭이는 말에 귀를 기울일 수도 있지만 어쨌든 운전자는 당신이다.

열린 마음으로 자신의 민감성을 받아들이자. 민감성은 공감과 깊은 연결이 담긴 보물 상자를 여는 열쇠다.

수치심을 딛고 일어서면 항상 되고자 꿈꿨던 활기찬 영혼으로 당당하게 빛날 수 있는 힘을 발견하게 된다. 이때 다른 사람의 변화를 자신 때문이라고 여기지 말라는 것이 가장 중요한 규칙이다. 다른 사람에게 무슨 일이 일어나든 그건 그들의 여정이고 그들의 길이다. 그리고 당신이 그에 어떻게 반응하는지는 당신 자신에게 달려 있다. 부정적인 감정의 끈을 자르고, 사람들을 있는 그대로 바라보자. 여기서

해야 할 일은 상황을 관찰하면서 자신이 머무를 공간을 만드는 일이다. 그 공간에서는 피드백을 받더라도 마음에 새기지 않고 비판적으로 바라볼 수 있다. 또 피드백을 통해 무언가를 얻기도 하고, 나와 관련 없는 피드백일 때는 관련 없다는 사실을 알아차릴 수 있다.

자신이 머물 공간을 만들려면 자신에게 관대해야 하고, 우리가 인간이라는 사실을 받아들이면서 스스로를 인정하고 책임질 수 있는 능력을 키워야 한다. 또 자신을 회복시켜야 하고 공백을 메우기 위해 만들어낸 이야기로 우리 가치를 정의하지 않아야 한다.

| 당신에게는 아무 문제도 없다

한 번 더 크게 말하겠다. **여러분에게는 아무 문제도 없고, 지금 그대로 충분히 괜찮은 존재다!** HFA를 앓는 사람들은 종종 무언가 잘못되었다고 느끼지만 잘못된 게 무엇인지 확신하지 못한다고 여러 번 말했다. 이런 식으로 사는 건 정말 슬픈 일이다. 다른 사람의 행동이나 상호 작용을 보면서 혹시 내가 무언가 잘못했을지도 모른다는 깊은 걱정과 상대방이 날 어떻게 생각할까에 대한 두려움을 느껴야 한다니 말이다. 이런 걱정과 두려움의 끈이 항상 목을 조이는 상태에서 어떻게 '그냥' 존재할 수 있겠는가?

HFA를 앓는 사람처럼 매우 민감한 경우, 누군가 자신에게 필요한 것을 제공해주지 않았을 때 가장 먼저 자신에게 문제가 있거나 무언가 잘못했기 때문이라는 가정을 한다. 그리고 어떤 식으로든 자신이 부족하다는 기분을 바로 느끼는데, 이는 자기 자신에 대한 오래된 감정이 깔려 있기 때문이다.

마치 내면에서 빛을 발하고 있는 우리의 핵심 신념이 외부 세계로 투영되는 것 같다. 그리고 이런 기분은 앞서 설명한 HFA 특유의 행동으로 발전한다. 즉, 타인의 반응을 통제할 수 없는데도 불구하고 어떻게든 요구를 충족시키려다가 혼란에 빠지는 것이다.

우리는 이런 사고방식을 재구성하고 매듭을 푸는 일을 해야 한다. '내가 무엇을 잘못한 걸까?'라는 생각부터 하는 게 아니라, 그 상황에서 실제로 무슨 일이 일어나고 있는지 이해하고 어떤 반응을 보여야 하는지 궁금해하면서 의식적으로 생각을 바꿔야 한다.

하룻밤 사이에 가능한 일이 아니다. 시간도 오래 걸리고, 예전에 늘 머릿속을 맴돌던 '내가 뭘 잘못한 걸까?'라는 의문에 다시 빠져드는 순간도 찾아올 것이다. 너무 자책하지 말자. 모든 게 빛으로 나아가는 여정의 일부며, 이제 당신은 다시 밖으로 나와서 기존에 택하던 생각과 다른 쪽으로 생각하는 데 필요한 자기 인식과 도구를 지니고 있다.

민감성을 강점으로 활용하는 방법

어릴 때 나는 나의 민감한 성향에 귀기울이는 법을 모르니까 아예 신경을 꺼야 한다고 생각했다. 그래서 민감성을 나와 분리시키려고 노력하다가 결국 나와 민감성이 늘 싸움을 벌이는 상황을 맞이했다. 나는 감정을 느끼고 표현하는 능력이 부족하다고 느꼈기 때문에 감정이 존재하지 않는 척했는데, 그러는 바람에 나의 내면과 심하게 단절된 느낌을 받았다.

화를 내면 거부당하거나 비판받을 것이라고 생각해서 이를 숨기는 법을 익혔다. 우리 가족 내에서는 화를 내는 게 일반적인 일이 아니었기 때문이다. 남들 앞에서 약해지는 게 두려웠기 때문에 이런 감정을 억제할 규칙을 만든 것이다. 분노에 일시적으로 대처할 방법을 찾긴 했지만 이렇게 벽을 쌓아둔 과거의 내 모습을 돌아볼 때마다 연민을 느낀다. 그때의 내가 어떻게든 생존할 방법을 찾았다는 걸 안다. 내가 원한 것은 애정과 보살핌을 받는 것뿐이었다. 하지만 내가 괜찮은 사람이라고 느끼려면 일단 사람들이 나를 수용해줘야 했다. 그래서 나에 대한 사람들의 반응을 끊임없이 관찰했고, 이런 패턴이 성인이 된 뒤에도 계속 이어졌다.

내 과도한 민감성 때문에 생겼던 일을 소개해보겠다. 친구와 근황 이야기를 하고 있었다. 적극적으로 대화를 나누는 중이었다. 그런데 화제가 내 근황 이야기 쪽으로 바뀌자 친구가 갑자기 확인할 게 있다면서 휴대폰을 꺼냈다. 나는 그 행동을 '내 말에 관심이 없다'라고 해석해서, 하던 이야기를 중단하고 화제를 다시 친구 쪽으로 돌렸다.

이 사례는 '나는 사람들의 시간을 빼앗을 만큼 중요한 존재가 아니다', '사람들은 내게 관심이 없다'라는 핵심 신념을 확인시켜줬고, 나는 괜찮은 사람이 아니라는 인식에 기름을 부었다. 친구가 휴대폰을 들여다보는 바람에 '말을 걸 수 없는 상태'가 되었을 때 왜 내가 행동을 조정해야 한다고 여겼는지 알겠는가? 어쨌든 이 사례를 통해 마음의 문을 닫거나 자신의 빛을 가리지 않고도 관계를 헤쳐 나갈 방법이 너무나 많다는 메시지를 전하고 싶다.

변화를 향한 나의 여정은 머릿속으로 반응하고 성급하게 결론을 내리는 게 아니라 지금 경험하고 있는 일에 귀를 기울이면서부터 시작되었다. 내가 느끼는 감정과 생각이 궁금해졌다. 나 자신을 부끄러워하기보다 스스로를 이해하는 방향으로 마음을 열었다. 그리고 스스로에게 인내심을 발휘하는 게 얼마나 중요한지 말하고 싶다. 이렇게 새로운 이해를 얻었음에도 불구하고, 여전히 내가 파멸의 토끼굴이라고 부르는 상황에 빠지곤 하는 것에 좌절했다(그 과정에서 또 다른 배움과 연민의 층에 도달했는데도).

요즘에는 내게 무언가 문제가 있다고 가정하는 대신 내 경험을 바탕으로 그렇게 문제가 있다고 느끼는 이유가 무엇인지 자문해본다. 조금 전 언급한 친구와의 대화에 적용해보면, 이제는 이렇게 말할 수 있다. "하던 이야기를 계속하고 싶은데 네가 휴대폰을 꺼내는 걸 보고 주의가 흐트러졌어. 너도 그런 것 같은데, 잠깐 휴대폰 먼저 확인한 다음에 이야기를 계속할까?"라고 말이다.

물론 비슷한 상황에 처했을 때 할 수 있는 말은 친구와의 관계나 두 사람이 겪은 다른 경험에 따라 달라진다. 요점은 우리가 그 상황을 책임져야 하고 자신의 민감성에서 비롯된 설득 기술을 이용해 대화가 진행되는 방향을 이끌 수 있다는 점이다. 자신의 기존 대응 방식에서 벗어난 선택을 할 수 있고, 대개 우리가 갈망하는 보다 깊은 관계를 탐색하고 발전시킬 방법도 찾게 될 것이다.

파멸의 토끼굴에서 기어 나오자

HFA의 과도한 민감성을 잘 이용할 수 있는 방법과 관련해 또 다른 예를 살펴보겠다. 친구와 이야기를 나누고 있는데 평소와 달리 친구가 대화에 집중하지 못하는 것 같다고 가정해보자.

| 지나치게 민감한 사람의 생각 | 친구가 나를 좋아하지 않는다. 내가 말을 너무 많이 해서 친구를 질리게 만들었다. 속내를 너무 털어놓은 탓에 친구가 나를 멍청하다고 생각한다.
| 실제 상황 | 친구는 어젯밤에 술을 많이 마셔서 숙취에 시달리고 있다. 평소처럼 대화를 나눌 기운이 없다.
| 해결책 | 민감한 사람이 기본적으로 하는 생각에 빠지기보다는 자신의 민감성이 말해주는 내용에 귀를 기울이자. 자신에게 엄격하게 굴지 말고 친구에게 괜찮은지 물어보자.

깊은 어둠 속에 가라앉아 있지 말고, 파멸의 토끼굴에서 기어 나올 힘을 모으자. 희망과 회복의 빛을 향해 나와야 한다. 물론 민감성을 잘 이용한다는 게 말처럼 쉽지는 않으며, 세상만사가 다 그렇듯 민감성을 우리 삶에 통합하는 데 익숙해지려면 연습이 필요하다.

세상에 완벽한 사람은 없다는 사실을 기억하자. 당신은 그동안 자신에 대한 높은 기대를 품고 살아왔기 때문에 일이 계획한 대로 정확하게 진행되지 않으면 당연히 스스로에게 문제가 있다고 생각하게 될 수 있다. 하지만 이런 상황에서도 파멸의 토끼굴에 빠질 것인지 아니면 다른 길로 갈 것인지 당신은 선택할 수 있다.

다른 선택을 내리는 연습을 하다 보면 무슨 일이 일어나고 있는지 깨닫기도 전에 토끼굴에 빠지는 깊이를 줄일 수 있다.

성장이 반드시 행동에서 비롯되는 것은 아니다. 상황에 대한 인식과 실제 자신에게 일어나고 있는 일에 대한 이해를 통해 성장이 이루어지기도 한다.

상황을 잘못 해석하거나 기존에 하던 반응을 그대로 하는 바람에 예전처럼 토끼굴에 빠지는 경우가 생길 수도 있지만 이는 모두 과정의 일부다. 온갖 인생 문제가 난무하는 상황에서도 토끼굴 가장자리에서 뒤로 물러나 그 굴레에서 벗어나기 위한 인식을 받아들이고 회복과 성장을 향한 다른 길을 만들 수 있다. 뒤엉킨 절망의 거미줄에 걸렸어도 용기를 길잡이 삼아 자유로워지고 그 너머에서 기다리고 있는 환한 빛을 발견할 수 있다.

또 다른 예를 살펴보겠다. 어느 날 퇴근하고 집에 왔는데 연인이 당신을 안아주지 않았다. 그러면 그 즉시 뇌가 팽팽 돌아가면서 '내가 뭘 잘못했나? 저 사람 최근에 말수가 많이 줄었어. 어쩌면 더 이상 날 사랑하지 않는 걸지도 몰라'라는 생각에 빠질 것이다.

이건 파멸의 토끼굴에 빠져드는 첫 번째 단계다. 더 깊이 들어갈수록 자신에게 들려줄 부정적인 이야기를 계속 발견하게 된다. '내 일에 관한 이야기를 너무 늘어놓는 바람에 짜증이 난 게 틀림없어. 저 사람과 헤어지면 나는 부모님 집으로 돌아가야 할 거야. 나도 내가 부족한 사람이라는 걸 알아. XYZ를 더 많이 했어야 했어.'

이런 생각 때문에 자신을 보호하려고 연인에게 마음의 문을 걸어 잠그거나 거리를 두게 될 수도 있을 테다. 하지만 사실 존재하지도 않는 시나리오를 만들었다는 게 보이지 않는가? 민감성 때문에 연인의 기분이 좋지 않다는 걸 알아차렸지만 '오늘은 날 안아주지 않네. 무슨 일 있어?'라고 생각하면서 과거의 패턴으로 돌아가는 걸 택했고, 부정적인 상상에 사로잡혀 상황을 더 악화시켰다.

그러나 토끼굴에 빠지더라도 중간쯤에 있다면 언제든 다시 빠져나올 수 있다. '나 때문에 저러는 게 아닐 수도 있어'라고 생각할 수 있을 만큼 상황을 정상적으로 판단하기만 하면 된다. 민감한 성향을 이용해서 자신을 몰아붙이지 말고, 민감성은 상황이 좋지 않다는 걸 인식하도록 도와주는 역할을 한다는 점을 이해하고, 상대방과 대화를 나눠야 한다.

타인과의 경계를 무너뜨리는 HFA

울타리가 우리를 안전하게 지켜주는 것처럼 확실하게 개인적 경계를 설정해두면 우리를 보호하고 도움이 되지 않는 에너지도 차단할 수 있다.

그러나 다른 사람에게 경계를 강요할 수는 없다는 사실은 기억하자. 경계는 주변의 행동에 대한 본인의 반응으로, 살면서 무엇을 용납하고 용납하지 않을지 결정하는 기준이다. 자기 자신을 최우선으로 생각하면서도 이기적이라고 느끼지 않을 방법을 배워야 한다. 자신의 경계는 자신만이 정할 수 있고, 우리가 계속 성장함에 따라 경계도 바뀐다. 경계는 마치 근육과 같다. 많이 사용할수록 더 강해진다.

예전에는 자신에게 도움이 되지 않는 것들도 두려운 마음에 계속 붙잡고 있으려고 했을 것이다. 하지만 이제 필요할 때는 놓아주고 앞으로 나아가는 게 중요하다는 사실을 알고 있다. 물론 아직도 마음 한 구석에는 '~하면 어쩌지'라는 불안감이 남아 있지만 그렇다고 예전처럼 절박하게 매달리지는 않는다. 가끔 매달리고 싶다는 생각이 들면 내 마음을 이해하기 위해 상황을 찬찬히 숙고해본다. 그렇게 내 요구에 응하기 전에 이해할 시간을 가지자 경계가 더 강해졌다.

> 끊임없이 바뀌는 삶 속에 경계를 정해두면 자기 관리와 의미 있는 관계를 위한 견고한 기반을 구축할 수 있다.

1단계에서는 HFA를 앓는 사람이 하는 7가지 유형의 양면적 행동을 살펴봤다. 그리고 각 행동에 대해 '사라'라는 내담자의 사례를 소개했는데, 사라의 사례를 이용해 건전한 경계를 설정하는 방법을 확인해보겠다. 특정 행동 패턴을 인식한 다음 그걸 바꾸는 데 도움이 될 경계 설정 방법을 알아보자.

HFA 행동 유형 1
책임감이 과도한 사람 vs 모든 걸 관리할 수 있는 사람

사라는 과도한 업무량 때문에 고생하고 있었다. 하지만 상황을 들어보니, 그는 다른 사람을 위해 대신 해주는 일이 많았다. 부탁을 거절하는 데 죄책감을 느끼는 탓에 과도하게 일을 떠맡은 것이다. 병가를 낸 동료의 업무를 전부 떠맡는 경우도 있었다. 사라는 완전히 지친 상태였다. 사라가 이렇게 행동하는 이유는 '모든 걸 처리할 수 있는 사람'처럼 보이고 싶고, 또 다른 사람들을 기분 좋게 해주고 싶은 마음 때문이다.

경계 설정하기

경계 설정에는 '안 돼'라는 말이 포함된다. 이렇게 간단한 말을 하는 걸 힘들어하는 사람들이 그렇게 많다니 이상할 정도다. 우리는 자신의 기분은 고려하지 않고 다른 사람들의 기분부터 걱정한다. 누군가를 실망시키고 싶지 않아서 요청을 승낙하는 일이 많다. 이미 할 일이 너무 많아서 과부하가 걸린 상태인데도 맡지 말아야 할 일을 하겠다고 나선다. 어떤 식으로든 '남보다 못한 사람'으로 보이고 싶지 않기 때문이다.

내가 자주 인용하는 현관문 예시가 있다. 현관문은 아무나 들어오지 못하도록 닫아두면서 왜 다른 사람들이 자신의 시간과 공간을 침범하도록 허용하는 건가? '안 돼'라고 말하는 건 당신이 할 수 있는 가장 강력한 일 중 하나다. 이는 확고한 경계를 설정하고, 당신이 그 상황을 어떻게 생각하는지 표현할 수 있게 해준다. 이렇게 짧고 간단한 말이 강력한 효과를 발휘한다.

경계를 설정하는 연습

일상에서 '안 돼'를 사용해보자. 단, 권한에서 벗어나거나 자기 책임이 아닌 일을 요청받았을 때만 이 말을 해야 한다. 낯설게 느껴질 수도 있지만 연습하면 익숙해질 것이다. 처음에는 죄책감이 심할 수도 있지만 그냥 앉아서 불편한 감정이 흘러가도록 내버려두자. 당신도 할 수 있다.

HFA 행동 유형 2
조종자 vs 고성취자

사라의 직장 동료들은 그를 리더이자 뛰어난 성취자로 여긴다. 하지만 실제로는 모든 일을 지나치게 생각하는 탓에 사라는 불안감을 느끼고 일과 일상의 균형을 유지할 수 없는 상태다. 외부의 기대에 부응하려고 쉴 새 없이 일하고, 발생 가능한 온갖 시나리오를 고민하는 데 시간을 많이 써서 삶의 질이 떨어졌을 정도다.

경계 설정하기

일과 삶의 경계를 정하는 게 중요하다는 말을 많이 듣지만 요즘처럼 24시간 돌아가는 디지털 세상에서는 어떻게 해야 적정선을 긋는 게 가능한지 명확하지 않다. 일과 일상의 경계를 정하려면 매일 일정 시간 이후에는 업무용 이메일을 확인하거나 전화를 받지 않고(자동 회신이나 자동 응답기 메시지를 통해 클라이언트·동료에게 이 사실을 알린다), 정해진 업무 시간을 최대한 지키며, 매주 여가 활동을 위한 시간을 따로 빼놓는 등의 방법을 써야 한다.

> **경계를 설정하는 연습**
>
> 지나치게 고민하는 경향이 있다면 자기 자신과 약속을 잡아서(업무용 다이어리에 일정을 적어두라는 이야기다) 당면한 문제를 생각할 시간을 정해두자. 그런 다음 해당 문제에 대한 생각이 떠오를 때마다 '그 일은 약속한 시간에 생각할 거야'라고 스스로에게 말한다. 이를 반복한다. 그리고 약속 시간이 되면 그 문제를 10분(또는 원하는 시간)간 생각한 다음 잊어버리자.

HFA 행동 유형 3
완벽주의자 vs 노력가

자신에 대한 기대치가 매우 높았던 사라는 그 기대치에 도달하지 못하면 정신적으로 자신을 벌하곤 했다. 처음 상담을 받으러 왔을 때도 자기는 성공하지 못했기 때문에 이를 '고쳐야 한다'라고 말했다.

완벽주의는 우리가 다른 사람들에게 어떤 모습을 보이고 싶은가와 관련된 문제기 때문에 HFA의 일종이다(기본적으로 남들 비위를 맞추려고 한다). 하지만 괜찮은 사람이라는 기분을 느끼기 위해 평생 사람들의 반응만 쫓으며 사는 건 불가능하다. 그러다 보면 자신과는 더 단절된다.

경계 설정하기

완벽주의자는 스스로에게 매우 엄격하다. 기대치가 높고 실패자로 보이고 싶어 하지 않으므로 삶의 모든 측면을 통제하려고 한다. 하지만 삶의 모든 면을 통제하는 일은 현실적으로 불가능하며 정신 건강에도 해롭다. 따라서 우리는 스스로를 친절하게 대하는 데 필요한 경계를 설정해야 한다.

때로는 실패할 수도 있고 통제 불가능한 일이 일어나기도 한다는 사실을 받아들이자. 그리고 그럴 때도 자신에게 친절해야 한다. 통제할 수 없는 상황이 벌어졌을 때 스스로에게 어떻게 말하는지 들어보자. 바로 그곳에서 배움이 시작될 것이다.

당신은 지금까지 자신이 가진 도구를 이용해 최선을 다해왔다. 이제 기존에 사용하던 도구만큼 익숙하지 않은 새로운 도구를 갖게 되었다. 이 새로운 도구는 앞으로 충분히 도움이 될 것이라고 장담한다. 또 이루지 못한 것에 집착하기보다 이미 이룬 것을 축하하는 데도 도움이 될 것이다. 잔의 빈 공간을 어떻게 채울지 고민하지 말고 이미 잔에 채워져 있는 것을 살펴보자.

경계를 설정하는 연습

HFA를 앓는 사람은 지금 이 순간을 만족스럽지 않게 여기거나 지나치게 고민 중인 문제가 있을 가능성이 크다. 그토록 바라던 승진이 허사가 됐을 수도 있고, 최선을 다했음에도 결국 누군가를 실망시켰을 수도 있고, 자신에 대한 기대치가 너무 높아서 일을 다 끝내지 못했을 수도 있다. 어쩌면 당신 외모가 원하는 모습이 아닐 수도 있다. 정돈된 삶을 살아가는 듯 보이는 이들과 자신을 비교하면서 왜 그들처럼 살지 못하냐고 스스로를 비판할 수도 있다.

이제 다 그만두자. 통제하지 못하는 상황에서 자책하기보다 다른 방법을 시도해보자. 가슴에 손을 얹고 심장이 뛰는 걸 느끼면서, 동정심을 한껏 끌어올려 스스로에게 '그래도 괜찮다'라고 말해주는 방법이다. 진심으로 그렇게 생각해야 한다. 살면서 겪은 경험과 현재 위치에 도달하기 위해 겪은 일들, 들인 노력을 모두 기억해내자. 당신은 승진을 하지는 못했지만 승진 후보에 오를 만큼 좋은 성과를 올렸다. 당신의 머리카락은 인스타그램에서 본 사람들의 비단결 같은 머리카락과 다를지도 모르지만 당신의 미소는 정말 아름답다. 인생은 항상 우리에게 변화구를 던진다는 걸 기억하자. 좋지 않은 상황이 생겼을 때 어떻게 반응하는지가 중요하다. 물이 흐르는 수도꼭지와도 같다. 물은 아무리 잡으려고 해도 잡을 수 없어서 좌절감을 느끼게 한다. 인생에서 우리가 원하는 것들도 매번 손에 넣을 수는 없다. 그러니 순리에, 흐름에 맡기자.

| HFA 행동 유형 4
지나치게 걱정하는 사람 vs 동요하지 않는 사람

사라는 겉으로는 성공하고 통제력을 갖춘 사람처럼 보였지만 실제로는 자기 뇌가 '항상 작동하고 있는 듯한 기분'이 들었고, 다른 사람들이 자기를 어떻게 생각할지 또는 특정 상황에서 어떤 일이 벌어질지 끊임없이 걱정했다고 한다. 이런 끊임없는 걱정은 HFA의 많은 증상들과 마찬가지로 두려움에서 비롯된 것이며 불안한 마음은 끊임없이 '~하면 어쩌지?'라는 질문 공세를 퍼붓는다. 이 불안감이 눈덩이처럼 커져서 우리를 지치게 만들고 압도되는 느낌을 주며 생각을 똑바로 관리할 수 없게 한다.

| 경계 설정하기

이런 사고 패턴에서 벗어나는 건 어렵다. 그래도 희망적인 면을 보자. 머릿속에 떠오르는 생각을 통제할 수는 없지만 그 생각에 얼마나 많은 주의를 기울일지는 우리 스스로 통제할 수 있다. 자신의 사고·행동 패턴에 대한 인식과 이해가 커지면 끊임없는 걱정과 생각이 우리를 약화시키려고 할 때 쉽게 알아차릴 수 있다.

자신의 생각에 주의를 덜 기울일 수 있도록 경계를 설정하자. 처음에는 어렵고 부담스러울 수도 있겠지만 연습할수록 더 쉬워질 것이다. 특정 방식으로 생각하는 법을 배웠던 것처럼 주의를 덜 기울이는 것도 배울 수 있다.

경계를 설정하는 연습

이 워크시트는 '안 돼'라고 말하는 연습으로 이루어져 있다는 점에서 HFA 행동 유형 1에서 소개했던 워크시트와 비슷하다. 하지만 이번에는 그 말을 외부 세계가 아니라 마음속에 건넬 것이다. '안 돼'라고 말하면서 거기에 진심을 담는 연습을 해보자. 손으로 '안 돼'라는 팻말을 들고 있는 모습이나 문을 닫는 모습, 혹은 자신에게 적합한 다른 이미지를 상상하면서 말하는 게 좋다. 자연스러워질 때까지 계속해야 한다.

그러고 나서 이후에 또 걱정스러운 기분이 들기 시작하면 연습했던 대로 '안 돼'라고 속으로 말하면서 무슨 일이 일어나는지 지켜보자. 나는 경계를 설정하기 위한 하나의 방법으로 영화 〈인사이드 아웃〉의 캐릭터들을 자주 활용한다(아직 안 봤다면 시간을 내서 보기 바란다. 아주 강렬한 장면들이 나온다). 영화 속 주인공은 다양한 감정을 경험하는데 그 감정들이 전부 캐릭터가 되어 등장한다. 그런 캐릭터 중 하나가 '소심이Fear'인데 얘는 항상 최악의 시나리오만 찾으려고 한다.

자신의 두려움을 상징하는 캐릭터를 만들어보자. 그리고 두려움이 스멀스멀 밖으로 나오면 '다 괜찮으니까 걱정하지 말라'고 다정하게 말을 건네면 된다. 이 연습은 감정을 스스로 진정시키고 조절하는 과정의 일부다. 두려움을 외부화하면 그게 마음속에만 얽매여 있지 않으므로 작게 쪼개서 손쉽게 처리하거나 관리할 수 있다. 노트에 적으며 연습해도 좋다. 노트를 반으로 나눠서 한쪽에는 두려움에 대해 적고 다른 한쪽에는 연민하는 마음을 적는다. 그리고 이 두 부분을 활용해서 자신과 대화를 나눠보자.

HFA 행동 유형 5
두려워하는 사람 vs 성공한 사람

사라는 일이 잘못되면 스스로를 비난했고, 자신이 인지한 모든 실패를 머릿속 파일에 보관해두고 마치 흠집이라도 난 보석을 보듯이 꺼내서 살펴보곤 했다. 또 오래전에 있었던 일을 떠올리면서 그때 상황을 바꾸기 위해 다르게 할 수도 있었던 부분을 생각하며 자신에게 짜증과 분노를 느꼈다.

스스로를 부족한 사람으로 만든다고 생각되는 일들을 모두 머릿속에 파일로 만들어놓고 시간이 날 때마다 폴더를 뒤진다고 상상해보자. 대체 왜 이런 식으로 살아야 한단 말인가! 이건 다른 사람에게 가할 생각은 꿈에도 못하면서 스스로에게는 쉽게 허락하는 심리적 고문의 한 형태다. 그리고 만약 이런 고문을 허락한다면 다른 사람들은 당신을 어떻게 대하도록 놔둘 생각인가?

1단계에서 설명했던 것처럼 실패에 대한 두려움은 스스로를 보호하기 위해 익힌 행동이다. 실패하면 당혹스럽고 자신에게 화가 나거나 속상함과 좌절감을 느낀다. 하지만 실패는 삶의 일부고 우리는 실패를 통해 배운다. 실패와 그로 인한 사람들의 시선을 너무 의식하면 혹시라도 또 실패할까봐 더 이상 새로운 것을 시도하지 않으려고 할 수도 있다. 그러면 두려움이 발목을 잡는다. 실패할 가능성을 피하려고 애쓰면서 초조하게 앞으로 나아가거나 '만일의 경우'에 대비해 조심스럽게 행동하는 건 제대로 된 삶의 방식이 아니다. 어떤 일이 생기든 안전하게 처리하고 극복할 수 있다는 믿음을 가져야 한다.

경계 설정하기

새로운 일을 시도하지 않기로 하거나 해야 할 일을 미루거나, 무슨 수를 써서라도 '성공'만을 추구하는 태도는 우리 두려움이 만든 경계 즉, 기준이 된다. 우리가 실패했을 때 느끼는 기분을 두려워하는 이유는 자기가 부족한 사람이라는 핵심 신념을 강화하기 때문이다. 그래서 그 기분을 피하려고 최선을 다한다. 하지만 두려움의 경계 안에 머무르지 말고 경계 밖으로 나가야 한다.

어떤 일을 하다가 실패하면 끔찍한 기분이 들 테니까 무언가를 시도해서는 안 된다거나 무슨 수를 써서라도 이루고 싶은 일을 추구하라는 마음의 목소리가 들린다면 잠깐 하던 일을 멈추고 잘 생각해보자. 이런 생각은 두려움의 경계 안쪽에서 나온다는 사실을 인식하고, 워크시트에서 연습한 것처럼 두려움을 외부화해서 쉽게 관리할 수 있도록 해야 한다.

운전석에 앉은 사람은 본인이라는 사실을 기억하자. 두려움은 승객일 뿐이니까 어디로 갈지 결정할 수 없다. 밖으로 나와서 주변을 바라보자. 지금 내려야 하는 선택이 만약 친구가 내려야 하는 선택이라면 어떤 조언을 해주겠는가? 두려움을 경계 바깥으로 드러내는 연습을 통해, 닫힌 마음이 아닌 열린 마음으로 자신을 믿고 일을 진행시키는 방법을 배우자.

경계를 설정하는 연습

항상 해보고 싶었지만 두려워서 주저했던 게 있는가? 아니면 꼭 이루고 싶었는데 이루지 못한 일은? 해보고 싶었던 일이 있다면 시도해보자. 그리고 만약 실패한다면 그 실패 때문에 떠오른 감정을 모두 겪어보고 그 감정들이 자신에게 무슨 말을 하는지 알아보자. 비판적인 태도를 취하는가, 아니면 스스로를 비하하는가? 이번에는 실패를 겪은 친구가 당신을 찾아왔다고 상상해보자. 친구에게 어떤 반응을 보이겠는가? 아무래도 친구가 안쓰러워서 연민에 가득 찬 태도로 대하지 않겠는가?

> 이제는 우리가 다른 사람들에게 사용하는 기술을 우리 자신에게 사용해야 할 때다. 이 워크시트는 두려움에 익숙해지기 위해 실행하는 것이다. 이제 두려움은 당신을 겁먹게 할 힘이 없고 두려움을 피해 도망칠 필요도 없다. 또 실패했을 때 자신을 신뢰하는 방법도 배우게 되므로 이를 통해 자신을 조절하고 건전한 방법으로 달래줄 수 있다.

HFA 행동 유형 6
남을 실망시키는 사람 vs 건전한 경계를 가진 사람

사라는 남들을 실망시킬까 두려워 자신의 시간과 공간에 경계를 설정하는 걸 힘들어했고 그 결과 불안 증상이 나타났다. 사라는 상담을 받으면서 자기가 다른 사람들을 실망시키지 않으려고 항상 '시간이 있는 것처럼 보이려' 애썼고 그 과정에서 자신의 감정은 무시했다는 사실을 깨달았다.

다른 사람의 비위를 맞추기 위해 하기 싫은 일을 하거나 자기 삶에 파괴적인 영향을 미치는 일을 하면 필연적으로 자신을 실망시키게 된다. 우리에 대한 다른 사람들의 생각을 통제할 수는 없기 때문이다. 다른 사람들에게 줄 시간과 에너지를 정해두고, 건전한 경계를 설정하는 건 이기적인 일이 아니다. 그건 자신에게 충실해지는 일이다.

| 경계 설정하기

어떤 일을 하기로 할 때마다 자신의 의도가 무엇인지 자문해보기만 해도 이번 단계에서 이야기한 경계를 대부분 작동시킬 수 있다. 이제는 자신이 어떻게 해야 할지 알 것이다. 자신에게 적합하지 않은 일을 하게 될 것 같으면 "아뇨, 안 됩니다"라고 말할 수 있는 경계를 정해두자. 물론 다른 사람들을 실망시키는 데 대한 불편함과 죄책감은 감수해야 한다. 하지만 이번 단계에서 소개한 동정심과 도구를 활용하면 이 문제도 해결할 수 있다.

진정한 삶을 사는 사람은 자신의 시간, 공간, 에너지를 다른 이들에게 얼마나 쓸지 선택하며 산다. HFA를 앓는 사람은 자기 자신을 너무 많이 포기하기 때문에 남는 게 거의 없다. 하지만 이제는 자신을 되찾아야 한다. 시간과 에너지는 우리가 가진 화폐인데 이를 어떻게 사용해야겠는가? 어떤 일을 수락할 때는 확실한 의도와 자기 자비가 바탕이 되어야 하며, 이를 익히는 것 자체가 학습 과정의 일부다.

경계를 설정하는 연습

며칠, 몇 주, 몇 달 동안의 일정이 적힌 다이어리를 확인해보자. 그중 자신이 원해서(혹은 업무 약속처럼 꼭 필요한 일이라서) 받아들인 약속이 몇 개나 되는가? 각각의 약속에 어떤 기분이 드는지 살펴

> 보자. 만약 이 다이어리의 주인이 당신 친구라면 지금과 다르게 살라거나 변화를 꾀하라고 말할 것인지, 스스로에게도 물어보자. 당신이 이룰 수 있는 변화가 있는가?
>
> 하루 동안 한 일을 전부 기록한 다음 그중 하고 싶어서 한 일이 아니라 누군가의 기분을 망치고 싶지 않아서 한 일(예: 일을 하거나 책을 읽고 싶었지만 하던 일을 멈추고 대화를 나눈 것 등)을 찾아보자. 자신의 시간과 에너지에 연민 어린 경계를 정해둘 수 있는가?

HFA 행동 유형 7
과잉 성취자 vs 남들보다 뛰어난 사람

사라는 직장에서 칭찬을 많이 받았고 평소 '일을 끝까지 완수하는 사람'이라는 평을 들었다. 하지만 이런 평가를 듣기 위해 사라는 자신의 일상과 정신 건강을 희생했다. 수년간 시간이 부족한데도 온갖 일을 다 떠맡았기 때문에 개인적인 일에 시간을 쏟거나 연애를 할 여유가 전혀 없었다. 또 자신의 상태를 점검하거나 자신이 세운 목표가 다른 사람의 기대에 근거한 것이 아니라 직접 선택한 건지 확인할 시간도 없었다. 자신의 부족함을 되새기고 싶지 않아서 최대한 바쁘게 지냈기 때문이다.

| 경계 설정하기

살다 보면 때로 부모나 직장 상사, 친구 등이 우리에게 어떤 역할이나 기대를 부여한다고 느낄 때가 있다. 이는 목표를 달성하거나 특정 생활 방식으로 살아가는 것과 관련이 있다. 본인도 진심으로 이루고 싶은 목표라면 최선을 다해 추구해야 한다. 하지만 가족과 친구를 만나거나 연애를 하는 등 주기적으로 자신을 위한 시간을 갖는 것이 중요하다. 나는 이걸 멈춤의 순간이라고 부르는데, 다른 사람을 위한 시간을 내는 것처럼 자신을 위한 시간도 반드시 확보해야 한다.

HFA는 자신의 욕구를 잊게 만든다. 특히 스스로에게 무언가를 기대할 때는 개인 생활을 희생하더라도 목표를 달성하려고 최선을 다하도록 채찍질한다. 목표를 달성해도 스스로가 괜찮은 사람이라는 기분을 잠깐 느끼는 게 전부고, 그런 기분을 느끼는 것조차 일시적인 해결책에 지나지 않으며, 스스로가 괜찮은 사람이 아니라는 가짜 믿음에는 변함이 없다는 것이 문제다.

'성취'라는 공간에 머물고 있을 때는 잠시 멈추는 게 불편할 수도 있다. 지금껏 자신이 무엇을 좋아하고 싫어하는지 파악할 시간이 없었던 탓에 내가 어떤 사람이고 무엇을 원하는지 모르기 때문이다. 자신의 진짜 감정에 직면하는 것보다는 쳇바퀴를 쉼 없이 돌리는 햄스터처럼 계속 무언가를 하고 있다는 느낌에만 머물면서 일시적인 해결책을 찾는 편이 더 쉽다. 그래서 잠시 멈춰서 진정으로 원하는 게 뭔지 탐색하는 대신 갑갑한 기분으로 계속 쳇바퀴만 돌리는 것이다.

경계를 설정하는 연습

의도적으로 잠시 멈추는 시간을 다이어리에 미리 적어두자. 이 시간을 활용해서 자신의 상태를 확인하고 아래의 질문을 던져보자 (문구를 자신의 상황에 맞게 조정해도 된다).

파트 1

- 업무나 다른 책임질 만한 일과는 별개로 지금 당장 나를 위해 할 일에 쓸 시간이 충분하다고 생각하는가? 그렇지 않다면 그 이유는 무엇인가? 이 상황을 바꾸려면 어떻게 해야 하는가?
- 자신이 괜찮은 사람이라고 느끼고 싶어서 성과를 좇는가?
- 이번 주에 있었던 일 가운데 자랑스럽게 여기는 일은 무엇이고 그 이유는 무엇인가?
- 지금 내게 더 필요한 것은 무엇인가?
- 현재 일과 삶의 균형이 어떠하다고 느끼는가?
- 이번 주에 나를 위한 시간을 낸 적이 있는가?

이 질문에 답한 다음 잠시 혼자 앉아서 자신이 어떻게 살고 있는지 생각해보는 것도 좋다. 10분 뒤에 알람이 울리도록 타이머를 맞춰놓고 오늘 기분이 어땠는지 확인해보자. 이때 비판적인 태도는 버리고 호기심만 가득해야 한다. 무엇이 표면으로 떠오르고 그게 어떤 기분을 안겨주는지 자세히 살펴보자.

파트 2

이번에는 일주일 또는 한 달(자신에게 적합한 기간을 선택) 동안 일기를 쓰면서 매일 시간을 어떻게 보냈는지 적어보자. 친구들과 얼마나 많은 시간을 함께 보냈는가? 자는 시간은? 좋아하는 일을 했던 시간은? 운동과 일은? 일과 삶이 균형을 이루려면 일하는 시간뿐 아니라 자신을 위한 시간도 있어야 한다. 장시간 일해야 하는 업계에 종사할 수도 있지만 그래도 자신을 위한 시간을 내야 한다.

이제 파트 1과 파트 2에서 얻은 깨달음을 이용해서 결정을 내리자. 매주·매달 하는 일을 몇 시간 동안 하고 싶은가? 실제 그 일에 들인 시간의 총계와 비교하면 어떤가? 그런 다음 경계를 정하고 최대한 시간을 조정해서 자신을 위한 삶을 살기 시작해야 한다.

경계를 정하는 것은 자신의 감정에 도움이 되는 결정이기 때문에 처음에는 불편하거나 심지어 이기적인 행동처럼 느껴질 수도 있다. 하지만 건전한 경계를 설정하는 것은 잘못된 일이 아니다. 그렇게 해야 한다는 필요성만 이해하면 된다. 이건 당신의 삶이다. '괜찮은 사람'이라는 기분을 느끼려고 다른 사람의 인정을 추구하면서 하루를 보내면 자기 내면에서 연민, 사랑, 수용을 찾을 시간이 하루 줄어든다.

인지 재구성으로 부정적인 생각을 바꾼다

생각을 재구성한다는 개념 즉, '인지 재구성'에 대해 여러 번 언급했지만 말처럼 쉬운 일이 아니다. 상황에 대한 인식을 조정하고 다른 관점에서 바라봐야 하며 초기 감정이 어디서 유래되었는지 알아야만 효과적으로 인지 재구성을 수행할 수 있다.

인지 재구성의 예를 들어보겠다. 둘 다 직장에 다니면서 즐겁게 살고 있고 일과 삶이 긍정적인 균형을 이룬 부부가 있다. 그런데 그중 한 명이 수술을 받은 뒤 합병증이 생겨서 직장을 오래 쉬면서 배우자에게 많이 의존하게 되었다. 다시 말해, 아직 직장에 다니는 중인 사람이 집에 있는 시간을 늘려야 하고, 집안일을 더 많이 해야 하며, 배우자의 기분 변화까지 참고 견뎌야 한다는 뜻이다.

추가적인 일을 모두 떠맡게 된 사람은 자신의 노력을 인정받지 못한다고 느낀다. 워라밸도 나빠졌다. 두 사람 모두 짜증을 내면서 대화도 거의 나누지 않는다. 서로를 단단하게 받쳐줄 여유가 없는 관계는 원망과 하지 못한 말들로 가득 찬다. 더 이상 효과적인 의사소통을 할 수 없기 때문에 아주 사소한 일도 크나큰 혼란을 야기한다.

그리고 여기에 HFA까지 추가되면 상황이 훨씬 더 복잡해진다. 수술을 받은 사람이 어린 시절에 화가 날 때마다 대화를 거부하는 부모 밑에서 자랐다는 가정해보자. 이제 배우자에게 거부받는 상황이 얼마나 고통스러울지 알 수 있다. 그는 자신의 감정적인 욕구를 충족시키려면 다른 사람 비위를 맞춰야 한다고 배웠지만 지금은 어떤 방법을 동원해도 배우자의 비위를 맞춰줄 수 없는 상황에 처해 있다.

어쩌면 상대방도 어릴 때 부모에게 끊임없이 실망했기 때문에 다른 사람을 잘 믿지 못하게 되었을 수도 있다. 그랬던 그들이 이제 누군가와 부부의 연을 맺을 만큼 상대를 믿게 되었는데 다시 실망을 맛본 것이다. 이 일은 누구의 잘못도 아니지만 HFA 때문에 관계는 한 걸음 뒤로 물러나게 된다. 이 부부는 서로에 관한 이런 사실들을 알아야만 상황을 재구성하고 HFA로 인해 나타나는 해로운 행동 패턴에서 벗어날 수 있을 것이다.

인지 재구성의 또 다른 예가 있다. 코로나19 팬데믹이다. 팬데믹은 모든 사람에게 어려운 시기였고, 다양한 봉쇄 조치는 고립감을 더했다. 아래의 인지 재구성 모델은 우리 관점을 인지적으로 조정해서

인지 재구성 모델

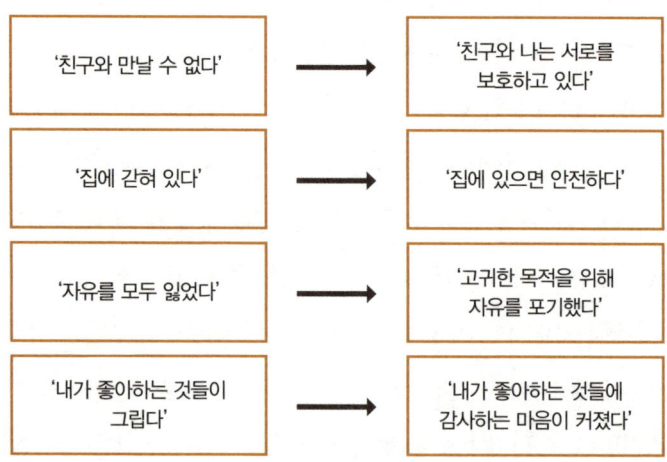

봉쇄에 관한 부정적인 생각을 긍정적인 생각으로 바꾸는 것이 어떻게 가능한지 보여준다.

폭발되는 감정 관리하기

오랫동안 억제하거나 무시해온 자아의 한 측면이 결국 의식 속으로 분출될 때 처음에는 어색하고 통제할 수 없는 방식으로 나타날 수 있다. 예컨대 과거에 다른 이들을 위해 자신의 욕구를 제쳐두는 경향이 있었다면 그와 반대되는 방향으로 폭주하는 것이다. 또는 더 이상 남에게 양보할 생각이 없고 새롭게 발견한 자신의 적극성에 열광할지도 모른다. 이제 내가 주도권을 잡을 차례며, 누군가 나를 방해하거나 제대로 존중해주지 않으면 분노, 원망을 퍼붓는다.

가치관, 관계가 달라지면서 그 영향이 다른 사람에게까지 미칠 것이다. 이제 당신이 다른 이들에게 맞추는 게 아니라 다른 사람들이 모두 당신에게 맞춰야 한다고 요구할 수도 있다. 그리고 이런 요구 때문에 갈등이 생길 수 있다.

다른 사람들이 당신을 파란색이라고 생각했다고 가정해보자. 하지만 이제 당신은 노란색으로 변해 완전히 새로운 방식으로 행동하고 있다. 주변 사람들은 처음에는 무엇이 달라졌는지 깨닫지 못한다. 계속해서 당신을 파란색으로 대한다. 그로 인해 분노하거나 억압받는다는 기분을 느낄 수도 있다. 하지만 사람들이 당신을 파란색으로 대하는 건 당신의 잘못도 아니고 그들의 잘못도 아니다. 개인이 이룬 발전은 뜨거운 용암처럼 터져나오는 분노가 아니라 차분한 의사소통 과정을 거쳐 진행되어야 한다.

나는 일하는 동안 이런 혼란이 스스로를 이해하고 궁극적으로 성장하는 데 필요한 교훈으로 이어지는 모습을 자주 보았다. 지금은 자기 내면에서 일어나는 일에 귀를 기울이고 존중해야 하며, 자신을 위한 공간을 만들고, 우리의 본질이 무엇인지 깨달아야 한다.

당신은 자기만의 공간을 가질 자격이 있고, 사랑받을 자격이 있으며, 본인이 괜찮은 사람이라는 기분을 느낄 자격이 있다.

대학교에서 나는 자기 인식을 발달시켰을 때 그것이 대인 관계에 어떤 영향을 미치는지를 연구 주제로 삼았다. 주변에서도 이런 모습을 본 적이 있기 때문에(시간이 지나면서 친구들이 달라지고 나도 예전과 다른 모습을 보이는 등) 상당히 흥미로운 주제였다. 단절감을 느끼면서 이제 친구들과 어울리기 힘들겠다고 느꼈던 때가 기억난다. 또 내담자들에게서도 이런 모습을 종종 본다. 자신의 가치를 깨닫고 자신의 가치관과 연결되기 시작하면서 주변 사람들과의 관계에 의문을 품기 시작하는 것이다.

그러나 이런 '화산 단계'가 지나가면 자신의 새롭고 적극적인 에너지를 보다 현명하고 능숙하게 사용하는 법을 배운다. 이를 통해 얻은 지식을 삶의 방식에 통합하고 널리 알리기 시작한다. 우리가 만나는 사람은 제각기 다르다. 그렇기 때문에 이런 여정이 꾸준히 이어진다. 하지만 결국 통제란 다른 사람의 반응을 관리하는 게 아니라 이리저리 흔들리는 스스로를 자신의 생각에 따라 조절하는 것이라는 걸 깨닫게 된다.

변화는 결코 쉽지 않다. 처음에는 혼란 속에서 두려움과 불안감을 느낄 수도 있지만 이것이 긍정적인 변화로 이어질 것이라는 사실을 기억해야 한다. 말하자면 동트기 전의 어둠이다. 다른 사람들이 당신을 어떻게 생각하든 상관없이 자존감을 키울 수 있는 다른 방법이 있고, 평소에는 깨닫지 못했던 새로운 기술과 능력을 개발하는 방법도 있다는 걸 알게 될 것이다.

자기 인식이 슬픔과 상실을 드러내는 방식

자기 인식이 발달하면 다른 사람들이 우리를 대하는 방식을 알아차리게 된다. 그러면 새로운 사실을 깨닫게 되는 동시에 자신이 맺은 관계의 역동성을 명확하게 보기 힘들어질 수도 있다. 위험 신호를 더 일찍 알아차리지 못한 스스로에게 좌절감을 느낄지도 모르지만 당시에는 자신의 욕구와 관점이 달랐을 수도 있다는 사실을 기억하자.

치유와 자기 발견 과정을 밟으면서 인정 욕구를 충족하는 방법을 배우면 자신을 더 소중히 여기게 된다. 새롭게 발견한 자존감은 이제 우리에게 도움이 되지 않는 패턴과 행동을 버리도록 유도할 것이다.

이 여정은 비탄과 슬픔을 불러올 수 있지만 한편으로는 앞으로 펼쳐질 잠재력에 대한 설렘도 안겨준다. 우리의 성장에 더 이상 도움이 되지 않는 관계를 떨쳐내면 새롭고 건전한 관계가 등장할 수 있는 공간이 생긴다. 어떤 친구는 함께 발전하면서 우리의 성장을 도와주는 반면 어떤 친구는 자연스럽게 멀어질 테다.

우리는 자신의 행복과 성장을 최우선적으로 생각하므로 이 과정에서 스스로를 이기적이라고 느끼는 건 당연하다. 하지만 자신을 돌보고 경계를 정하는 건 이기적인 행동이 아니라 자기애에서 우러난 행동임을 알아야 한다. 이 여정을 통해 자신을 존중하고, 보다 건전한 관계를 맺고, 더 진실하고 만족스러운 삶을 살아가는 법을 배운다.

▶ 사례 연구

미야는 행동과 옷차림은 물론이고 심지어 데이트 상대와 결혼 상대까지 전부 어머니의 지시에 따라 하라는 대로 했다. 더 이상 참을 수 없는 지경에 몰려 신경쇠약에 걸릴 때까지 계속 어머니의 지시를 따랐다. 불행한 관계를 맺고 있던 그는 자신에게도 목소리와 의견이 있다는 사실을 깨닫지 못했다. 그리고 어머니가 그랬듯 자신을 계속 그림자 속에 가둬두는 배우자를 만났다. 그렇게 억압받으면서 살던 미야는 자기가 어떤 사람인지도 몰랐다.

억지로 일을 그만둬야 했던 미야는 기분이 가라앉고 불안해졌다. 하지만 이 기회를 빌어 치료를 받고 자신의 행동 패턴을 탐구하고 지금까지의 인생 여정을 이해해보기로 했다. 자신을 안전하게 지키기 위해 경계를 설정하기 시작했고, 죄책감이나 나쁜 사람이 된 기분을 느끼지 않고도 모든 요구를 거절할 수 있다는 걸 깨달았다. 쉬운 일은 아니었지만 자신과 배우자의 가치관이 서로 다르다는 사실을 깨닫고 관계를 끝냈다. 또 다른 도시로 이사해서 새로운 일자리를 찾았다.

미야는 지금껏 어머니의 비위를 맞추는 데 기반을 둔 삶을 살아왔음을 깨닫고 거기서 벗어났다. 미야의 새로운 여정이 펼쳐지는 모습을 지켜보면서 성장할 수 있는 안전한 공간을 제공하는 일은 멋진 경험이었다. 그 과정을 통해 미야는 새로운 정체성과 가치관을 얻었고, 진정한 자신으로서의 삶을 살 수 있게 되었다. 자신이 충분히 괜찮은 사람임을 깨닫고 이 믿음을 바탕으로 살기 시작했다.

억압된 감정을 쌓아올린 겹겹의 케이크

무언가를 파헤치기 시작하면 억압된 감정과 욕망이 드러난다. 자기 의견을 말하거나 다른 사람의 요구를 거부하는 것이 처음에는 부담스럽게 느껴진다. "내 유년기는 정말 좋았고 부모님은 내게 모든 것을 주셨어요"라고 말하는 내담자들이 종종 있다. 그 말을 잠시 되새기다가 점점 더 깊은 곳까지 파고 들어가 보면 억눌린 감정의 층위가 드러난다.

크림을 바른 근사한 케이크를 떠올려보자. 케이크는 완벽하게 장식되어 있고 맛있어 보인다. 겉보기에는 초콜릿케이크처럼 생겼다. 눈에 보이는 다른 케이크도 전부 초콜릿케이크라서 이 케이크도 초콜릿 맛일 것이라고 생각하며 기뻐한다. 하지만 포크를 쥐고 퍼먹으려고 한 순간, 이 케이크는 겉부분만 초콜릿이라는 사실을 깨닫는다.

케이크 안에는 바닐라, 땅콩버터, 라즈베리 층이 있는데 전부 초콜릿 아래에 눌려서 보이지 않게 숨겨져 있었다. 케이크 시트가 완벽하게 익지 않은 부분도 있었다. 그런데 완벽해 보이는 초콜릿 코팅이 모든 것을 다 덮어버린 것이다.

각 층을 하나씩 살펴보는 동안 케이크에 관한 새로운 사실을 알게 된다. 그리고 마침내 케이크를 담은 접시 부분에 시선이 닿으면 그 케이크가 색다르고 훨씬 복잡하다는 걸 깨닫는다. 층을 파헤치는 과정에서 케이크의 진정한 본질, 지저분하고 불완전한 아름다움이 모두 드러났기 때문이다.

케이크를 파헤쳐서 숨겨진 층을 드러내는 것처럼 스스로의 내면을 탐색하면 억압되어 있거나 제대로 발달하지 못한 자아의 일부가 드러난다. 이런 부분을 밖으로 꺼내 자양분을 공급해서 성장시켜야 한다.

예를 들어 수줍음 많은 사람이 자신이 갖고 있는 줄도 몰랐던 자신감을 발견할 수도 있고, 남의 비위를 맞추면서 살던 사람이 자신의 가치와 열망을 깨달으면서 안전과 안정에 대한 욕구가 새로운 방향으로 뻗어나가게 될 수도 있다. 감정에 지배당하던 이들이 실은 자기가 감정과 거리를 두고 보다 객관적이고 초연한 태도를 취할 수 있다는 사실을 깨닫기도 한다. 이 작업은 자아감을 고취시키고 삶과 만나는 새로운 방식을 모색할 기회를 준다.

일시 정지가 지닌 힘

빠르게 진행되는 인생 여정에서 생각과 계획에 시간을 들이는 건 직관에 어긋나는 행동이고 한정된 시간을 낭비하는 일처럼 보일 수 있다. 하지만 명확한 관점 확보, 전략적 결정, 창의성 발달, 스트레스 감소, 미래 목표 설정과 관련해 얻을 수 있는 가치는 크다.

의도적인 일시 정지를 일상에 루틴으로 통합시키면 보다 명확한 목적의식을 품고 문제를 헤쳐 나갈 힘이 생겨서 장기적인 성공을 거둘 수 있다.

해결하기 힘든 문제에 맞닥뜨리면 대부분 기존에 도입했던 것과 동일한 조합·옵션을 계속 실행해본다. 하지만 소용없다. 이럴 때는 한발 물러나 다른 정신적 능력을 활용하면서 창의적인 문제 해결에 도움이 되는 무의식적인 정신 과정인 '잠복기'를 체험하는 것이 좋다. 과학자들은 이를 '유익한 망각'이라고도 표현한다.[6] 생각을 재구성하고 도움이 되지 않는 연관성을 끊어낸 뒤 새롭고 독특한 해결책으로 대체할 수 있는데, 그게 바로 우리가 원하는 것이다.

HFA 행동 유형 7가지에 대한 경계 설정 연습을 할 때 타이머를 맞춰놓고 혼자 앉아 자신의 생각과 감정에 귀를 기울여보라고 했다. 여기에도 이 원칙이 적용된다. 그리고 잠시 멈춘 상태에서 심호흡을 몇 번 하면 뇌가 집행 기능 영역에 관여하는 데 필요한 산소를 공급

할 수 있다.

나는 대학원 학비를 마련하려고 아르바이트를 3개나 했기 때문에 끊임없이 일을 해야 했다. 지금 와서 돌이켜보면 어떻게 그걸 다 해냈는지 모르겠다. 그때는 잠시도 멈추지 않고 스스로를 몰아붙였는데, 만약 잠시라도 멈출 시간이 있었다면 내가 지치고 스트레스가 심한 상태임을 깨달았을 것이다.

다행히도 그 바쁜 일정 속에는 일주일에 한 번씩 받는 상담 치료 시간이 포함되어 있었고 이 시간이 내게 '일시 정지'를 위한 순간을 만들어주었다. 나는 '해야 할 일' 수천 가지를 염두에 둔 채 상담실에 들어갔지만 그 시간은 나에게 초점을 맞춰서 진행되었기 때문에 어떻게든 집중해야 했다. 나는 그 시간을 통해 일시 정지가 지닌 힘을 배웠다. 호흡법, 명상, 기타 그라운딩 기술에 관심을 갖게 되었고 그런 방법들을 삶의 균형, 정신 건강을 관리하는 방식으로 만들었다.

일시적으로 정지하는 방식은 사람마다 다를 수 있다는 점에 유의하자. 어떤 사람은 차를 마시거나 디지털 기기를 곁에 두지 않고 야외에 앉아 주변 소리를 듣는 것일 수도 있고, 어떤 사람은 명상일 수도 있다. 어떤 방법을 이용하든 그걸 라이프스타일의 일부로 만들자.

4단계 요약

4단계가 끝났으니 지금까지의 내용을 돌아보자. 지금까지의 여정에 대해 어떻게 생각하는가? 각 단계와 그와 관련된 학습을 통해 어떤 변화를 이루었는가? 지금 자신이 어디까지 와 있고, 시작점은 어땠는지 생각해보자. 당신은 심층적이고 지난한 과정을 잘 거쳐서 여기까지 왔다.

모든 게 격변하거나 산산이 부서지는 것처럼 느껴질 수도 있지만 현재는 고치에서 벗어나려고 애쓰는 나비의 상태와 같다. 이제 당신의 성장 과정, 핵심 신념, 평생 적응하려고 애써온 것들에 의문을 제기해야 할 때다. 지금 우리는 스스로 생각할 수 있는 공간, 자신에게 꼭 맞는 공간에 있다. 정신분석가 카를 융(Carl Jung)은 "의미는 많은 것, 어쩌면 모든 것을 견딜 수 있게 한다"라고 했다. 우리는 인생에서 자신의 의미를 찾고 본인의 진정한 모습을 스스로 받아들이고 있다. 이는 엄청나게 강력한 힘을 발휘할 것이다.

신념 체계가 바뀌면 생각이 보다 의식적이고 의도적으로 변하면서 가치관까지 바뀐다. 그리고 가치관이 달라지면 삶을 끌어가는 방식과 관련해서 내리는 선택도 전과 달라질 것이다. 방향이 달라진다. 진동이 바뀌고 주변에 모이는 사람들도 달라진다. 이를 전부 무시하는 방법은 더 이상 효과가 없다. 변화가 코 앞까지 다가와서 문을 두드리고 있다. 아무리 차단하려고 해도 사라지지 않는다. 그러니 응답해주자. 그렇다고 문 안에 들여보낼 필요는 없다. 결정은 당신이 하는 것이다. 당신이 선택하고 결정해야 한다. 이제 5단계를 시작할 준비가 되었는가?

5단계

자기 자비를
발휘하자

'들어가며'에서 내가 이 책을 쓰기로 한 이유를 설명했다. 나는 사람들이 변할 수 있는 기회가 있다는 것과 이 변화가 내면에서 시작된다는 사실을 깨닫도록 돕고 싶다. 그래서 당신 같은 사람들이 자신을 방해하는 행동 패턴이나 제한된 사고방식에서 벗어나는 데 도움이 되는 5단계 계획을 공유하고자 한다.

지금까지 책의 이 지점까지 도달하기 위해 힘든 여정을 거쳐왔다. 정말 솔직한 모습으로 두려움에 직면하고 과거를 깊이 파고들었을 뿐 아니라 그 과정에서 생기는 모든 감정에도 대처했다. 자, 이제 5단계까지 왔다. 여기에서는 자기 자비에 대해 배울 것이다. 한 챕터 전체를 할애해서 자신에게 친절해지는 법을 배운다고? 그렇다! 이번 단계는 우리가 매일 자신을 어떻게 대하고 어떤 모습을 드러내는가에 관한 내용이다. 이제 자신을 너무 가혹하게 대하면서 사는 것을 멈춰야 한다!

이번 단계는 나무가 땅속에 뿌리를 내리는 것처럼 당신이 현실에 뿌리를 내리는 데 도움을 줄 것이다. 자기 자비는 우리의 뿌리므로 깊숙이 자라게 놔둬야 한다.

내담자들에게 다른 사람에게도 본인에게 말하는 것과 같은 방식으로 말하느냐고 물어보면 다들 말도 안 된다고 한다. 그런데 왜 자신에게는 그렇게 불친절한 걸까? 왜 다른 사람들에게는 빵을 덩어리째 주면서 우리는 빵 부스러기에 만족하는 걸까? 우리도 빵을 덩어리째 받을 자격이 있다. 이때 우리가 느끼는 스스로의 자격은 자존감에 뿌리를 둔다.

우리의 여정은 저마다 다르다. 이건 당신의 여정이다. 다른 이들을 위해서는 무엇이든 다 해주면서 자신을 위해서는 아무 노력도 하지 않는 것은 말도 안 된다.

당신 마음이 정원이고 생각이 씨앗이라고 상상해보자. 자신의 정원에 어떤 씨앗을 심을지 직접 선택할 수 있다. 두려움과 수치심의 씨앗보다는 긍정, 사랑, 풍요의 씨앗을 심는 게 낫다. 다른 사람의 정원을 돌보는 데 시간을 할애할 수도 있고, 자신의 정원을 아름답게 가꿔서 멋진 사람들을 정원으로 불러오기 위해 노력할 수도 있다. 어떤 씨앗을 심을 예정인지, 정원을 어떻게 관리할 생각인지 스스로에게 물어보자.

나만의 규칙을 새롭게 만든다

인생이라는 여정은 스스로에게 연민을 품고 원래 모습 그대로 '존재'하게 해줌으로써 자신을 사랑하는 여정이라고 생각한다. 또 모든 사람에게는 자기만의 고유한 정신과 '규칙'이 있다고 믿는다. 이 규칙을 지키려면 그게 우리에게 왜 중요한지 알아야 하는데, 그런 이해는 우리가 자신을 제대로 알아야만 가능하다. 이 책을 읽는 동안 수행한 작업을 통해 자신에 대한 이해가 높아졌기를 바란다.

지금부터는 삶의 경험을 바탕으로 자신만의 규칙을 만들 예정이다. 이 책에서 배운 내용은 자신과 자신의 지혜에 깊이 파고들 수 있게 도와주므로, 자기가 어떤 사람인지 제대로 반영된 삶의 방식을 만들 수 있을 것이다.

자신을 사랑하면 다른 사람을 끌어모으기 쉽다. 자신을 특정한 방식으로 대우하면 스스로가 어떤 대접을 받을 자격이 있다고 생각하는지 온 세상에 알릴 수 있다. 모든 것은 자신에 대해 어떻게 느끼는지부터 시작된다. 그러니 '나는 가치 있고 중요한 사람이며, 특별한 최고의 것들을 누릴 자격이 있다'라고 생각해야 한다.

파워: 우리를 성장시키는 12가지 방법

3단계에서는 두려움과 자기 회의에 맞설 수 있는 도구 세트를 소개했다. 이번에는 연민, 자기애, 기쁨을 추구하는 데 사용할 수 있는 12가지 '파워'를 살펴보도록 하자. 그중 어떤 파워는 당신에게 적합하고 어떤 파워는 적합하지 않을 수도 있다. 당신은 독특한 존재고 성장으로 향하는 길은 자기만의 것임을 기억하자.

파워 1: 마음챙김 실천하기

지금 이 순간에 온전히 집중하자. 그래야 현실을 살아갈 힘이 생긴다. 현재의 아름다움과 깊이를 받아들이자. 진정한 기쁨과 성장, 연결이 바로 여기에 있다.

연구에 따르면 마음챙김을 실천하면 스트레스가 줄고 주의력과 집중력이 높아지며 정신적·육체적 건강이 개선되고 행복감도 고조된다고 한다. 또 고요함의 힘을 받아들이는 것은 완벽주의의 강력한 해독제기도 하고, 진정한 자아와 다시 연결되기 위해 꼭 필요한 일시정지를 시행할 여력을 준다. 마음챙김은 어떤 식으로 작동할까?

마음챙김은 사람마다 다른 방식으로 작용한다. 우리들 개개인만큼이나 독특하고 다른 방식이다. 마음챙김을 하기 위해 반드시 야외에 요가 매트를 깔고 앉아 새소리를 들을 필요는 없다. 차를 마시거나 손을 씻는 등 일상적인 행동을 하면서도 가능하다. 마음챙김은 누구나 사용할 수 있는 도구다. 자신의 생각, 감정, 감각(시각, 청각, 미각, 촉각, 후각)에 주의를 기울여 주변 환경을 완전히 인식하기만 하면 된다.

> 자신과 주변 환경에 대한 인식을 높이는 것은 긍정적인 진동을 늘리는 좋은 방법이다. 삶이 당신을 스쳐 지나가게 놔두지 말고 제대로 인식하자.

마음챙김을 통해 보다 신중하고 사려 깊은 사람이 되면 다른 사람과 자신을 더 친절하게 대하면서 자비를 베풀 수 있다.

나도 마음챙김을 처음 시작했을 때 시간 낭비라고 생각했던 기억이 난다. 하지만 나를 방해하는 휴대폰이나 끊임없는 이어지는 할 일 목록에서 벗어날 수 있는 공간을 찾자, 내 혼잣말에 귀기울이면서 완벽주의에서 비롯된 스트레스와 불안을 안겨주던 비현실적인 기준을 인식하게 되었다. 일시 정지는 내 패턴 가운데 어떤 것이 두려움 때문에 생긴 패턴인지 깨닫는 데도 도움이 되었다.

현재에 관심을 가지면 과거와 미래에 집중하는 게 줄어들고 스트레스 수준도 낮아진다. 현재에 대한 인식을 높이고, 일방적인 판단을 내리지 않고, 관찰만 하면 완벽주의의 굴레에서 벗어날 수 있다. 마음챙김을 실천하고 고요함을 받아들이면 진정한 자아를 포용하고, 현재의 기쁨을 찾고, 더욱 편안하고 균형 잡히고 성취감 있는 삶을 살 수 있다.

자신이 완벽하게 불완전한 존재라는 멋진 사실을 받아들이려면 심적으로 고요한 상태여야 한다. 마음챙김은 목적을 갖고 수행할 때 더 효과적이므로 다음의 워크시트를 이용해 자신의 주중 일과에 몇 가지 수련법을 추가해보자.

마음챙김의 목적

조용히 앉아서 자신이 느껴야 하는 것을 느낄 수 있는 시간을 갖자. 머릿속의 생각을 전부 바깥으로 내보내고 깊게 숨을 들이쉰다. 잠시 멈춘 상태에서 자신과 연결되어보자. 버리고 싶은 것을 머릿속에 그려보자. 이 순간은 의식적인 변화를 위한 공간을 마련하는 순간이다.

감사 일기 쓰기, 자연 속에서의 산책, 명상, 자신의 기분과 감정 알아차리기, 호흡법 등을 통해 마음챙김을 연습할 수도 있다. 이 모든 걸 한꺼번에 할 수도 있고, 매일 하나씩 시도할 수도 있다. 마음챙김을 시작할 때는 딱 60초만 투자하면 된다. 그리고 자신의 생각이나 특정한 사건에 압도당하는 기분이 들 때마다 자신에게 다음과 같은 질문을 던져보자.

1. 내가 과민 반응하는 걸까? 이게 정말 그렇게 큰일일까? 장기적으로 중요한가?
2. 내가 지나치게 일반화하는 걸까? 사실 관계가 아니라 의견이나 경험을 바탕으로 결론을 내리고 있는가?
3. 상대방의 마음을 읽고 있는가? 다른 사람들이 어떤 신념을 품고 있거나 특정한 방식으로 느낀다고 가정하고 있는가? 그들이 어떻게 반응할지 추측하고 있는가?
4. 스스로에게 가혹한 꼬리표를 붙이고 있는가? 자신을 지칭할 때 '멍청하

다', '희망이 없다', '뚱뚱하다'와 같은 단어를 사용하는가?
5. 양자택일을 해야 한다고 여기는가? 현실이 흑백 논리로 결정되는 일은 거의 없다는 사실을 고려하지 않은 채 어떤 사건을 좋든 나쁘든 둘 중 하나라고 생각하는가? 일반적으로는 이들 둘 사이의 회색 영역에 답이 존재한다.
6. 이 생각은 얼마나 진실하고 정확한가? 한 걸음 물러나서 친구의 시점이나 공정한 관찰자의 시선으로 상황을 살펴볼 수 있는가? 주관적이지 않고 객관적인 태도를 취할 수 있는가?

파워 2: 내면의 대화에 주의를 기울이자

자기 내면의 목소리가 속삭이는 말에 귀를 기울이자. 그 안에 자기 믿음, 권한 부여, 변화의 씨앗이 있다. 자기 대화를 친절과 격려, 연민의 말로 가득 채우고, 그것이 우리의 꿈을 추진하는 강력한 힘으로 피어나는 모습을 지켜보자.

자기 인식을 키우고 자신에게 말하는 방식에 귀기울이는 방법을 배우면 연민의 마음을 키울 수 있고, 우리에게 힘을 주는 내적 대화를 풍성하게 만들 수 있다. 내면의 목소리에 귀기울이면 우리가 세상에 드러내는 모습을 바꾸며 자신의 욕망, 두려움, 강점, 한계를 더 깊이 이해하게 된다.

이런 자기 인식을 하면 남을 위해 내리던 선택 패턴을 따르는 대신 자신을 위한 선택을 내리고 진정한 자아에 걸맞은 행동을 할 수 있다. 더 이상 사회의 기대를 따르거나 다른 사람 비위를 맞추기 위해 가면을 써야 한다는 강박감을 느끼지 않는다. 대신 자신의 독특함을 받아들이고 진짜 생각과 감정을 자신 있게 표현한다.

게다가 자신의 말에 귀기울이면 직관이나 내면의 지혜에도 잘 적응하게 된다. 그리고 직관을 신뢰하면 내면의 나침반에 따라 더 큰 목적의식과 방향성을 가지고 삶을 헤쳐 나갈 수 있다. 자신의 욕구를 존중하고 이를 충족시키기 위해 적극적인 조치를 취하면서 스스로와 더 건전한 관계를 맺을 수도 있다. 이런 자기 관리는 나 자신의 행복을 넘어 다른 사람들과 소통하는 방식에도 영향을 미친다. 자기 행복을 우선시해야 세상에 전할 수 있는 에너지와 연민, 존재감이 늘어나기 때문이다.

생각은 감정과 기분의 원천이다. 자신과 나누는 대화는 파괴적일 수도 있고 유익할 수도 있으며, 자신에 대한 느낌이나 살면서 생기는 사건에 반응하는 방식에 영향을 미치기도 한다. 자신에게 말하는 방식에 귀를 기울이면 많은 걸 배울 수 있다. 자기 제한적인 신념, 부정적인 자기 대화, 더 이상 도움이 되지 않는 패턴을 인식하게 된다. 이런 자기 인식을 통해 제한적인 내러티브에 도전해 다시 생각과 감정을 재구성하고, 새로운 가능성을 받아들이고, 시야를 넓힐 힘을 길러야 한다.

내면의 목소리에 귀를 기울이면서 배우고, 적응하고, 최고의 모습으로 발전해야 한다.

시간을 내서 경청한다면 모든 경험이 스스로를 발전시키는 연구와 개발을 위한 기회가 될 수 있다. 이 여정은 앞으로도 계속된다는 사실을 기억하자. 자기 대화는 타인과 관계를 맺을 때와 동일한 방식으로 작동하므로 시간을 들여야 하고 집중하는 노력이 필요하다.

나 자신이나 내담자들과 상담을 진행하면서 깨달았다. 우리는 다른 방법으로는 일을 해결할 수 없으리라고 생각해, 스스로를 '괴롭히는 일'을 멈추는 걸 두려워한다. 우리는 두려움을 동기 삼아 일을 처리하는 데 익숙해져 있다. 그러니 이번에는 반대로 시도해보자. 의도와 일치된 목표를 두고 일을 하는 것이다. 자기 대화의 양면을 살펴보면 한쪽은 부정적이고 다른 한쪽은 지지와 긍정을 드러내는 걸 알 수 있다. 다음 두 가지 문장을 살펴본 다음 자신에게 큰 소리로 말해보자.

문장 1. '중요한 공지가 있어서 회의에서 발언을 할 예정이다.'
문장 2. '잘못하면 바보 같거나 어리숙하게 보일 테니까 회의에서 발언하고 싶지 않다.'

이 두 가지 문장을 말하고 난 뒤에 어떤 기분이 드는지 살펴보자. 문장 1은 힘이 생긴 듯한 기분을 안겨주는 반면 문장 2는 껍질 속으로 돌아가고 싶어 하는 소라게 같은 기분을 느끼게 한다. 내면의 대화에 주의를 기울이면 자기 연결감과 진정성이 커진다. 이런 내면의 대화에 귀기울이는 연습은 무의식적인 사고에 따라 충동적으로 반응하지 않고 상황에 의식적으로 대응하는 능력도 향상시킨다.

자기 대화에 의의를 제기하자

오늘 자신에게 한 말은 무엇이었는지 잠시 떠올려보자. 비판적이었나, 아니면 친절하고 도움이 되는 말이었나? 이런 내적 토론 뒤에 어떤 기분이 들었는가? 친구에게 말할 때와 같은 방식으로 자신에게도 말했는가? 아래의 문장과 이를 대체할 긍정적인 대안을 생각해보자. 이 중에서 당신의 자기 대화 방식을 가장 잘 보여주는 문장은 무엇인가?

- '멍청해! 프레젠테이션을 완전히 망쳤잖아. 이제 내 경력은 끝났어'
  대안: '그것보다는 잘할 수 있었는데. 다음에는 잘 준비하고 연습도 더 해야겠어. 어쩌면 스피치 훈련을 받는 게 도움이 될지도 몰라'
- '그 일은 일주일 안에 끝낼 수는 없어. 불가능해'
  대안: '할 일이 많지만 한 단계씩 진행해보자. 친구들에게 도와줄 수 있는지도 물어보고'
- '말도 안 돼! 왜 더 긍정적으로 생각하지 못하는 거지?'
  대안: '지금보다 긍정적으로 생각하는 법을 배우면 여러 면에서 도움이 될 거야. 한번 해봐야겠어'
- '이 원피스를 입으니까 너무 뚱뚱해 보여. 나한테 데이트 상대가 없는 것도 당연해. 왜 살을 빼지 못할까? 뭐가 문제지?'
  대안: '나는 지금 모습 그대로 아름답고 아무 문제도 없어. 행복하고, 건강하고, 사랑받고 있어'

> 어떻게 되었는가? 내면의 생각이 부정적인 쪽으로 치우치는 경향이 있음을 확인했다면 이제 방향을 바꾸고 자기 대화에 새롭게 접근하는 방법을 배워야 한다. 다음에 또 자신에게 부정적인 말을 한다면 여기 제시된 대안처럼 그 말을 조금 더 친절하고 긍정적인 시각에 기반해 다시 건네보자. 필요한 만큼 자주 반복하면서 자신의 빛을 앞으로 드러내자.

파워 3: 자신을 빛나게 하자

자기 내면의 광채를 받아들이고 빛을 뿜어내도록 하자. 다른 사람의 그림자에 순응하려고 자신을 깎아내리지 말자. 자신의 빛 속에 담대하게 서 있는 삶이 훨씬 낫다.

인정받으려고 애쓰는 걸 그만두자. 남에게 순응하려고 자신의 진정성을 손상시키지 말자. 당신은 괜찮은 사람이다. 새로운 활력을 안겨주거나 깊이 있는 관계를 맺을 감정적인 준비가 된 사람들에게만 시간을 투자하자. 그렇다고 해서 별로인 기분을 안겨주지 않는 사람들과 관계를 끊어야 한다는 말이 아니다. 인간관계는 그런 식으로 작동하지 않는다. 그보다는 그런 부정적인 기분을 느끼게 만드는 관계가 내게 어떤 감정을 촉발시키고 그들과 함께 이 감정을 헤쳐 나갈 여지가 있는지 확인하자. 그래야 관계를 발전시킬 수 있다.

진정한 자아의 빛을 유지하고 다른 사람 비위를 맞추기 위해 움

츠러들고 싶은 충동을 억제하자. 어떤 사람과 함께 있을 때 스스로 변화해야 한다는 필요성을 느낀다면 이는 내적 성장을 위한 훌륭한 통찰을 얻은 것이다. 스스로에 대해 더 많이 배우고 자신이 그렇게 행동하는 이유를 알아낼 기회를 얻은 것이기도 하다. 매일 우리는 더 많은 통찰력을 얻고 발전을 위한 새로운 기회를 얻을 수 있음을 기억하자.

다른 사람을 우선해야 한다고 여기는 패턴을 계속하면서 스스로를 배신하지 말자. 왜 이 일을 하는지, 이 일이 어떤 그리고 누구의 욕구를 충족시키는지 알아야 한다. 물론 이해하는 것만으로는 변화가 일어나지 않는다. 필요한 일도 해야 하고, 그러려면 연습이 필요하다. 이 책을 읽는 것은 매우 좋은 시작점에 선 것이다!

다른 사람들과 어울리려고 자신의 빛을 어둡게 가리는 삶보다 진정한 모습으로 빛나는 삶이 더 멋지다. 당신만의 독특함과 개성이 당신을 특별한 존재로 만든다.

진정하고 진실된 자아에 관해 이야기하는 이유는 HFA(고기능 부분)에서 비롯된 우리의 일부와 아직 한 번도 키워본 적은 없지만 이제 막 키워나가려는 부분을 통합하기 위해서다. 진정한 자아를 찾는다는 말이 HFA를 없앤다는 말이 아니라는 뜻이다. 오히려 HFA를 자신의 일부로 받아들이면 HFA가 제공하는 통찰력을 이용해 다른 사람이나 주변 세계와 더욱 민감하게 연결될 수 있다고 말하고 싶다. 핵심은 더 이상 HFA가 자신을 통제하지 못하게 하는 데에 있다.

예를 들어, 과거에는 HFA가 나의 지배적인 자아였다. 하지만 이제는 누군가가 불가능한 일을 하라고 요구했을 때 그 사람을 화나게 할까봐 두려워서 그냥 받아들이는 게 아니라, 그런 두려움의 존재를 알아차린다. 그러면 내 상황을 객관적으로 바라볼 수 있고, 지금 도울 수 없다고 말해도 죄책감이 들지 않는다. 두려움에 휘둘리지 않고 그 두려움을 조절할 여유가 생긴다.

자신의 본질을 존중하고 표현하면 진정성이 존중되고 다양성이 꽃피는 세상을 만드는 데 도움이 된다. 자신의 빛을 받아들이고 환하게 비춰서 다른 사람들도 밝은 빛을 찾을 수 있도록 길을 밝혀주자.

자신의 진정한 자아를 존중하자

자신이 남들에게 '버거운 존재'라는 기분 탓에 다른 사람들은 최대한 높게 평가하면서 정작 자신이 품은 빛은 가리고 있다는 사실을 알아차릴 때마다 자문해볼 유용한 질문이 몇 가지 있다.

- 다른 사람들은 높이 평가하면서 자신의 빛은 가리는 행동의 근저에는 어떤 믿음이나 사고 패턴이 깔려 있는가? 이 믿음이 나의 자기 표현과 진정성을 어떻게 제한하는가?
- 내가 남들에게 부담스러운 존재라는 생각을 뒷받침할 증거가 있는가? 이런 믿음에 기여한 구체적인 상황이나 경험이 있는가?

- 내 빛을 가리는 것이 삶과 성취감에 어떤 영향을 미치는가?
- 나만의 독특한 강점이나 자질은 무엇인가?
- 나의 진정한 자아를 표현하면 다른 사람들과의 관계에 어떤 긍정적인 영향을 미칠 수 있을까?
- 남들에게 부담을 줄 것이라는 두려움 없이 진정한 나를 온전히 포용한다면 어떤 기분이 들까?
- 내가 지닌 독특함을 부담이 아닌 선물로 여기려면 관점을 어떻게 바꿔야 할까?
- 나의 진정한 자아를 존중하고 계속 빛을 발하면서 이것이 야기할 수 있는 불편함을 견디기 위해 어떤 조치를 취할 수 있는가?

위의 질문에 답하면 자신의 빛을 가리는 부정적인 믿음과 패턴을 명확하게 파악할 수 있다. 자기 성찰과 자기 자비를 통해 이런 부정적인 믿음에 이의를 제기하고, 진정한 자아를 포용하며 표현하는 전략을 개발해서 당당하게 빛나는 삶을 살아보자.

파워 4: 에너지를 의도적으로 사용하자

에너지는 소중한 자원이므로 투자 방법과 투자할 곳을 신중하게 선택해야 한다. 정말 중요한 곳에 에너지를 쏟자. 자신의 열정이나 가치관과 일치하는 부분에 에너지를 투자해야 잠재력을 최대한 발휘할 수 있다.

매일 사용할 수 있는 에너지가 100밖에 없다고 상상해보자. 이걸 '사용'하는 방법이 삶과 생산성, 성취도에 지대한 영향을 미친다. 다른 사람들의 비위를 맞추는 데 에너지를 쓰지 말고 현명하게 사용해야 치유와 성장이 가능하다. 미국의 유명한 작가이자 사회 정의 활동가인 L. R. 크노스트 L.R.Knost는 "자신을 돌본다는 것은 '나를 먼저 생각하라'는 이야기가 아니라 '나도 생각하라'는 뜻이다"라고 했다.

자신의 에너지가 흘러갈 곳을 정할 힘이 스스로에게 있다는 사실을 기억하자. 그러니 의도성이 주는 선물을 받아들여서 우리 내면을 고양시키고, 가치관과 부합하는 열정에 불을 붙이기 위한 노력 쪽으로 향하게 만들자.

에너지가 향하는 곳을 선택하면 활기차고 목적이 있으면서 진정한 자아와 조화를 이루는 삶을 살 수 있다.

자신의 가치관, 열정, 성장 경로와 일치하지 않는 일에 에너지를 소비하면 감정적, 정신적, 육체적으로 고갈된다. 그러면 지치고 낙담한 채로 '왜 나는 꿈을 추구할 열정이나 동기가 부족한 걸까'라고 의아해할 수도 있다. 더 나쁜 건 자신에게 무언가 문제가 있다고 생각하는 것이다. 이런 상황에 처하면 하던 일을 잠시 멈추고 에너지 투자법을 재설계해야 한다.

에너지가 향하는 곳이 어딘지 바라보는 또 다른 방법이 있다. 바로 그림을 그리고 있다고 상상해보는 방법이다. 자신이 하기로 선택한 일에 대해서 내리는 모든 결정이 붓놀림인 셈이다. 지금 자신을 행복하게 하고 자신의 진정한 자아를 반영한 그림을 그리고 있는가? 아니면 다른 사람들이 원한다고 생각하는 것을 바탕 삼아 거기에 맞춰 그림을 그리고 있는가? 자신을 행복하게 해주는 걸작을 창조할 때까지 붓을 놀리면서 직접 현실을 그려나가자.

에너지가 향하는 곳을 의식해서 살피다 보면 자기 삶의 특정한 부분을 조정해야 함을 알게 된다. 이 과정에서 자신에게 자비를 베풀어야 한다. 변화는 점진적인 여정이며 각각의 작은 변화는 더 큰 성취를 향해 나아가는 단계임을 기억하자. 그리고 그런 변화는 자기 인식에서 시작된다.

내 에너지는 어디로 향하고 있는가? 에너지를 현명하게 투자하고 있는가, 아니면 도움이 되지 않는 곳에 낭비하고 있는가? 자문해보자. 다음의 워크시트는 자신을 지치게 만들거나 고갈시키는 것이 아니라 진정한 기쁨과 열정, 목적의식을 안겨주는 쪽에 에너지를 집중하는 데 도움이 될 것이다.

에너지가 어디로 향하는지 확인하기

일지나 노트에 세로로 선을 긋고 한쪽에는 '에너지를 고갈시키는 것'과 다른 한쪽에는 '에너지를 채우는 것'이라는 제목을 붙인다.

그런 다음 하루에 경험하는 활동, 작업, 상호 작용을 쭉 적고 이를 에너지를 고갈시키는 것과 채우는 것으로 분류한다.

- 에너지를 고갈시키는 것: 진이 빠지거나 우울하거나 고갈되는 기분을 느끼게 하는 활동이나 상호 작용. 여기에는 좋아하지 않는 업무, 험담이나 부정적인 말을 하는 것, 에너지를 빼앗아가는 사람들과 시간을 보내는 일 등이 포함될 수 있다.
- 에너지를 채우는 것: 활력과 성취감, 즐거움을 안겨주는 활동이나 상호 작용. 좋아하는 취미, 사랑하는 사람과 시간 보내기, 창의적인 활동에 참여하기, 휴식과 자기 관리의 순간 등이 포함된다.

며칠 동안 기록한 후 각각의 항목을 검토해서 어떤 패턴이 나타나는지 확인하자. 계속해서 에너지를 소모하게 만드는 활동이나 상호 작용이 있는가? 에너지와 기분을 계속 드높여주는 활동은 무엇인가?

새로운 인식을 바탕으로 다음 날 또는 다음 주의 목표를 정하자. 에너지를 소모하는 활동을 줄이거나 제한하고, 에너지를 채우는 활동을 우선하는 것을 목표로 삼아야 한다. 시간이 지나면 작은 변화가 큰 영향을 미칠 수 있다는 사실을 인식하면서, 현실적인 목표를 정하고 자신을 부드럽게 대해야 한다.

하루를 시작하면서 어디에 시간과 에너지를 쏠지 결정하기 전에 마음챙김 수련을 하자. 어떤 활동이나 상호 작용에 참여하기 전에

> 잠시 멈춰서 자신의 상태를 점검해야 한다. 이 활동이 내 에너지를 증가시킬까, 아니면 고갈시킬까? 내 가치관과 우선순위에 부합하는 일인가?

에너지가 향하는 쪽을 정하는 방법에 긍정적인 변화가 나타나면 이를 인정하고 기념하자. 주의 깊은 자각과 실천이 지속적인 변화로 이어질 것이라는 점을 기억하고 인내심을 발휘해, 꾸준히 선택을 개선해 나가자.

에너지가 흐르는 방향을 인도하는 법을 배울 수 있는 워크시트를 하나 더 소개하겠다.

인생 바퀴 그리기

노트에 오른쪽과 같은 형태의 인생 바퀴를 그린다. 8개로 카테고리를 나눈 후 필요한 경우 누락된 카테고리를 포함시키거나 이름을 바꿔서 자신에게 더 의미 있는 바퀴를 만든다. 그런 다음 각 카테고리 칸에 선을 그어서 1(매우 불만족)부터 10(완전히 만족) 사이의 점수를 매긴다.

인생 바퀴를 살펴보면서 인생의 각 부분에 대해 어떻게 느끼는지 솔직하게 질문해보자. 어떤 부분을 어떻게 바꾸고 싶은지 생각할 거리가 생길 것이다.

인생 바퀴는 삶의 주요 영역을 시각적으로 표현하고 현재의 행복과 균형 상태에 대한 전체적인 관점을 제공하므로 어디에 에너지를 집중해야 할지 깨닫는 효과가 강력하다. 이 워크시트를 이용하면 너무 많은 시간과 에너지를 쏟고 있는 영역이 어디인지 한눈에 찾을 수 있다. 불균형은 스트레스, 번아웃, 행복도 저하로 이어질 수 있으므로 매달 인생 바퀴를 다시 살펴보면서 삶의 불균형을 시각화하고 변화를 실행할 수 있는 힘과 가능성을 확인해보자.

인생 바퀴

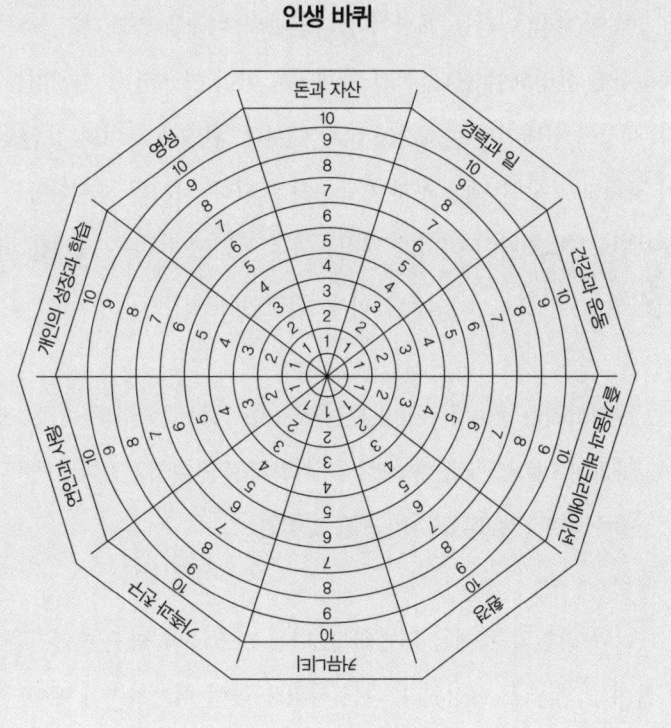

파워 5: 진정한 자아를 소중히 여기자

영혼의 교향곡 속에서 자기만의 독특한 음색을 찾아 대담하게 연주해보자.

타인에게 순응하는 행동을 찬미하는 세상에서 자신의 독특함을 포용하고 차이점을 인정하려면 용기가 필요하다. 자기 발견과 자기 수용의 여정을 걸을 때는 사회적 기대나 타인과의 비교라는 가면을 벗어던지고 우리 존재의 심층적인 부분을 탐구해야 한다. 자신의 진정한 자아를 존중해야만 진정한 소속감과 성취감을 느낄 수 있다.

이제 '완벽'이라는 개념이나 타인과의 비교를 포기하고, 자신의 독특함을 환영해야 한다. 이전 단계에서 이미 이 과정을 거치기는 했다. 세상에 완벽이란 존재하지 않기 때문에 '완벽해 보이려고' 끊임없이 노력하다 보면 결국 지치고 탈진하게 된다. 자신의 불완전함을 포용하면 그게 결함이 아니라 캔버스에 독특하고 놀라운 색채를 더하는 붓놀림이 된다는 사실을 깨닫게 될 것이다.

완벽하다는 환상을 뛰어넘고 두려움에 맞서면서 HFA를 잘 헤쳐 나가야 한다. 그러면 탁월함과 회복력이 근사하게 어우러진 자신의 진정한 본질을 마주하게 될 것이다.

나와 타인의 차이를 인정하고, 다른 사람들이 해주는 칭찬을 받아들이는 게 매우 어려웠다. 다른 사람을 높이 평가하거나 뛰어난 점을 인정하는 건 매우 빠르게 하지만 나를 위해서 그렇게 하는 건 거의 불가능했다. 그래도 계속 연습해야 한다! 포기하지 말자.

인류라는 광대하게 짜인 태피스트리 안에서도 정확하게 똑같은 실은 없다. 우리는 각자 독특한 색상과 무늬, 질감으로 엮인 하나의 걸작이다. 자신의 개성을 받아들이고 나를 지금의 '나'로 만든 차이를 소중히 여겨야 한다. 진정성과 수용을 갈망하는 세상에서 자신의 독특함을 포용하고 타인과의 차이를 인정하는 건 용기와 사랑이 담긴 행동이다.

스스로를 이루는 놀라운 것들을 포용하고 감사히 대하자. 자신을 움직이는 것이 무엇이든 간에 자기 자신, 자기가 느끼는 기쁨과 슬픔, 재능과 욕망을 탐구하자. 당신이 읽는 책, 보는 영화, 듣는 음악, 함께 시간을 보내는 사람들, 나누는 대화가 곧 당신 그 자체를 이룬다. 그러니 자기 마음에 무엇을 전달할지 현명하게 선택해야 한다.

또 당부하고 싶은 말이 있다. 성장은 하나의 과정이고 좌절은 발전을 위한 디딤돌임을 인정하면서 자신을 온화하게 대해야 한다. '소속감'을 느끼고 싶은 마음에 자신을 제한하던 낡은 패턴으로 돌아가고 싶을 때가 찾아올 것이다. 자기 자비는 이런 피할 수 없는 좌절을 우아하게 헤쳐 나가도록 도와주고 회복력을 키워주며 자기 자신·타인과 깊은 관계를 맺도록 해준다. 당신의 독특함을 받아들이고, 인생 여정을 소중히 여기며, 영혼의 진정한 아름다움이 광채가 되게 하여 세상을 밝히자.

거울 확언 연습

거울 앞에 서서 심호흡을 몇 번 하면서 중심을 잡는다. 자기 눈을 바라보면서 자신의 독특함과 차이점을 칭찬하는 긍정적인 확언 3개를 큰소리로 말해보자. 몇 가지 예를 들어보겠다.

- "나는 독특한 존재며 나를 있는 그대로 받아들인다"
- "나는 나의 독특함을 포용하고 나의 개성을 즐긴다"
- "나는 지금 모습 그대로 사랑과 인정을 받을 자격이 있다"

일주일 동안 매일 거울 확언을 반복한다. 자기 인식의 변화를 이끄는 이 문장들이 자신의 독특함과 차이점에 대한 견해에 어떤 영향을 미치는지 확인해보자. 이 간단한 워크시트는 스스로를 칭찬하는 마음을 키우고 진정한 자아에 대한 더 깊은 수용 의식을 기르는 데 도움이 된다.

파워 6: 자신에게 하는 이야기에 신경 쓰자

마음속이라는 극장에서는 우리가 스스로에게 하는 이야기가 무대를 차지한다. 극작가이자 주인공인 우리는 자신을 의심의 그림자 속에 가두기도 하고, 자기 발견과 권한 부여라는 주목받을 만한 서사를 구성하기도 한다. 의식적인 스토리텔링 기술을 받아들이자. 내면의 대본을 다시 써야 마음과 정신의 진정한 잠재력을 발견할 수 있다.

앞서 파국화나 예기 불안처럼 최악의 상황을 상상하는 일, 우리 발목을 잡는 거짓말에 대해 이야기했다. 마음은 우리가 누구고 무엇을 성취할 수 있는지, 또 세상이 우리를 어떻게 인식하는지에 대한 복잡한 이야기를 엮어내는 숙련된 이야기꾼이다. '~하면 어쩌지?'라는 생각을 계속하다 보면 HFA가 우리를 파멸의 토끼굴로 끌고 들어가기 때문에 빠져나오기 힘들다.

스스로에게 들려주는 이야기를 벌어지지도 않은 최악의 시나리오나 자신에 대한 거짓말로 엮지 말자. 대신 자신의 믿음, 경험, 해석을 바탕으로 엮어내야 한다. 그러면 우리가 세상에 드러내는 모습을 바람직하게 형성할 수 있다. 자신을 유능하고 자격 있고 회복력 강한 사람으로 인식한다면 자신 있게 도전에 임하는 스토리가 될 것이다. 반대로 자기 의심, 스스로가 무가치하다는 생각, 두려움에 시달리고 있다면 기회를 포착하거나 미지의 세계를 탐색하는 걸 주저하는 이야기가 만들어질 테다.

우리가 스스로에게 들려주는 이야기는 '나'를 보호하기 위한 것이 많다. 우리는 자신의 결점, 두려움, 과거의 실수를 그럴 듯하게 납득가도록 설명하고, 삶의 복잡성에 손쉽게 대처하는 동시에 상처와 실망으로부터 스스로를 보호하기 위해 이런 이야기를 만든다.

그러나 모든 감정을 외부의 사건과 다른 사람 탓으로 돌린다면 자신이 지닌 힘을 계속 포기해야 하는 상황이 생긴다. 자신의 마음가

짐에 책임을 지면 성장에 도움이 될 뿐 아니라 행복의 기회도 넓어지고 힘도 되찾을 수 있다.

자신을 보호하려고 만들어내는 이야기는 처음에는 도움이 되기도 하지만 결국에는 우리를 가라앉히는 닻이 될 것이다. 이런 제약에서 벗어나려면 이야기가 삶에 미치는 영향을 의식적으로 인식해야 한다. 그리고 이제 끝없는 재앙이 긍정적인 것으로 바뀐 이야기를 다시 써야 한다.

당신은 자신을 제한하는 이야기를 바꿀 힘이 있다. 이 이야기를 진정한 자아를 최대한 표현하도록 힘을 실어주는 영웅담으로 바꿀 수 있는 작가는 '나'다.

특히 마음이 과거나 미래 또는 '일어날 수 있는 일'에 너무 집중하고 있을 때는 현재 순간으로 되돌아오는 연습을 하자. 다시 중심을 잘 잡고 성급하게 결론을 내리지만 않는다면 경솔하게 행동하거나 아예 행동하지 않는 상황을 막을 수 있다.

자신의 제한된 생각에 도전하고, 그런 생각이 타당한지 의문을 제기하고, 새로운 가능성에 마음을 열자. 성장 지향적인 주제로 이야기를 다시 써보자(예: 나는 회복력이 뛰어나고 좌절에서도 교훈을 얻을 수 있다. 나는 성공과 행복을 누릴 자격이 있다. 나는 세상에 긍정적인 영향을 미칠 수 있는 독특한 재능을 가지고 있다).

현실을 점검하자

5개 부분으로 구성된 이 워크시트는 자신에게 하는 이야기가 타당한지 이의를 제기하고 스스로 품은 생각에 객관성을 부여하기 위해 고안되었다. 구체적인 현실 점검 질문을 던지면서 자기 내면의 이야기가 얼마나 정확한지 알아보자.

1 이야기 파악하기

특정 이야기나 사고 패턴이 떠오르는 걸 알아차리면 하던 일을 잠시 멈추고 이야기 뒤에 숨겨진 핵심 주제·신념이 무엇인지 파악한다. 예를 들어, '나는 회사에서 결코 성공하지 못할 것'이라는 이야기에는 '나는 부족한 사람'이라는 믿음이 깔려 있다.

2 현실을 점검하는 질문하기

- 이 이야기는 사실에 근거한 것인가, 아니면 가정에 근거한 것인가? 이야기를 뒷받침할 실질적인 증거가 있는지, 근거 없는 가정이나 과거의 경험을 바탕으로 한 이야기인지 생각해보자.
- 최악의 시나리오는 무엇인가? 그 이야기가 사실일 경우 생길 수 있는 최악의 결과를 상상해보자. 그러면 상상한 결과가 일어날 가능성이 낮거나 그런 결과가 발생하더라도 감당할 만하다는 사실을 깨닫게 될 것이다.
- 이야기와 모순되는 증거는 무엇인가? 과거의 성과, 긍정적인 피드백 또

는 이야기가 잘못된 것으로 판명된 사례를 나열해보자.
- 친한 친구가 비슷한 이야기를 한다면 어떤 조언을 해주고 싶은가? 친구에게 해주고 싶은 조언과 동일한 말을 자신에게도 해주자.
- 조금 더 균형 잡힌 시각은 무엇일까? 긍정적인 면과 부정적인 면을 모두 고려해서 보다 균형 잡힌 시각을 찾으려고 노력하자.

3 새로운 관점 만들기
현실 점검 질문에 답한 후 제한적인 이야기에 대응할 수 있는 보다 균형 잡히고 힘을 실어주는 관점을 적어보자(예: 어려움을 겪을 수도 있지만 나는 과거에도 장애물을 극복한 경험이 있고 이를 헤쳐 나갈 기술을 가지고 있다).

4 이야기 재구성하기
조금 더 균형 잡히고 힘을 실어주는 새로운 관점을 이용해 이를 확언이나 긍정적인 문장으로 바꾸자. 낡고 제한적인 이야기가 등장할 때마다 이 확언·문장을 반복해서 말한다.

5 마음챙김 인식 연습하기
하루 종일 자신의 생각과 감정에 주의를 기울이자. '나'를 옭아매는 이야기에 빠져드는 것을 느낄 때마다 자신의 인식을 현실 점검 질문과 새로운 관점 쪽으로 부드럽게 돌리자.

이런 현실 점검 연습을 꾸준히 하면 스스로가 자신에게 하는 이야기가 무엇인지 잘 알게 되고, 객관성과 연민을 토대로 이의를 제기할 수 있다. 시간이 지날수록 사고 패턴을 잘 제어하게 되므로 두려움과 불안감이 줄어들고 보다 긍정적이고 힘을 실어주는 사고방식을 갖게 된다.

파워 7: 현실적인 기대치를 정하자

경계의 힘을 발휘해서 과도한 책임에 대한 부담감, 바쁘게 사는 일상의 소용돌이에서 벗어나자. 자신을 자유롭게 하고, 균형이라는 아름다움을 발견하고, 자기 존재의 본질을 되찾자.

야망과 결단력은 긍정적인 특성이지만 비현실적인 기대와 결합하면 피로와 번아웃의 원인이 된다. HFA를 앓는 사람은 삶의 모든 측면에서 탁월해야 한다는 압박감에 시달린다. 그렇기 때문에 한계를 뛰어넘는 일에 주저하거나 자신의 행복을 소홀히 하는 경향을 보인다.

목표를 추구하는 과정에서 스스로를 무너뜨리지 않고도 노력할 수 있다는 점을 기억하자. 번아웃이 올 때까지 일하는 건 결코 대단한 행동이 아니다. 자신의 에너지를 적절하게 사용하고, 좋아하는 일을 균형 잡힌 방식으로 진행하자. 자신의 한계를 넘어서는 게 탁월함을 추구했을 때 얻는 성공이 아니다. 행복을 키우는 것이야말로 진정한 성공이다.

> 위대함은 자기 희생이 아닌 균형 속에서 달성된다는 사실을 인정해야 힘이 생긴다.

과거에는 HFA 때문에 달성 불가능한 기준을 충족해야 한다고 스스로를 몰아붙였을 것이다. 하지만 이 책에서 계속해서 말한 것처럼, 완벽을 추구하다 보면 대개 부족함과 실패에 대한 깊은 두려움이 생긴다. 이런 두려움 때문에 목표를 추구하기 위해 더 오랜 시간 일하고, 쉬면서 재충전하는 시간을 희생하고, 자기 관리를 소홀히 하게 된다. 그렇게 과도한 헌신과 태만이 주기적으로 반복되다 보면 손쉽게 균형을 맞추며 살아가는 듯 보이는 사람들을 원망하게 된다.

내가 스스로에게 조금 더 친절하게 변해가던 과정이 기억난다. 예전에는 항상 나를 가혹하게만 대했기 때문에 처음으로 스스로에게 연민의 말을 건넬 때는 역겹다고 느꼈다. 하지만 시간이 지나면서 조금 달라졌다. 자기 자비적인 태도를 취하면서 현실적으로 기대치를 정하면 삶에 조화로운 균형이 생긴다는 걸 알게 됐다. 나 자신과 내가 걷고 있는 여정에 감사하는 법을 배우면서 깨우친 가장 중요한 점이 있다. 바로 진정한 성취감은 진실한 태도로 현재에 집중하는 모습에서 기인한다는 점이다.

비현실적인 기대라는 무거운 짐을 버리면 진정한 기쁨과 행복, 자기 수용, 내면의 평화를 향한 길을 개척할 수 있다. 자신의 한계를 존중하고 달성 가능한 목표를 정하면 목적이 있는 만족스러운 삶을 사는 가능성이 생긴다.

일상적인 마음챙김 실천법

이 워크시트는 다양한 상황을 헤쳐 나가는 데 도움이 된다. 예를 들어, 동료가 일을 부탁하면 바로 승낙하지 말고 자신의 업무량을 확인한 뒤에 다시 연락하겠다고 말해보자. 그러면 요청을 승낙하기 전까지 여유 시간이 생기므로 그 사이에 다음의 6가지 사항을 살펴볼 수 있다.

1 자신의 가치관을 생각한다

시간이 들더라도 찬찬히 자신의 핵심 가치관을 확인한다. 당신의 인생에서 정말 중요한 것은 무엇인가? 자신의 가치관이 무엇인지 알면 진정한 자아에 부합하는 목표를 정하는 데 도움이 된다. 위의 예시에서 동료가 부탁한 추가 업무를 받아들일 경우, 운동을 하러 갈 수 없고 늦게까지 잠도 못 자고 일해야 한다. 어떤 선택이 자신에게 더 중요한지 생각해보자.

2 우선순위를 파악한다

핵심 가치관을 명확하게 이해한 다음 자신의 최우선 순위를 적어보자. 여기에 적힌 목록이 당신이 집중해서 관심을 기울일 가치가 있는 영역이다. 위의 예시에 도입해보겠다. 운동을 하러 가지 못하면 기분이 별로 좋지 않다는 걸 알고 있다. 게다가 저녁을 만들 시간도 없어서 음식을 배달시켜서 먹어야 할 텐데 그러면 기분이 더 안 좋아질 것이다. 또 내일 친구들과 만나 술을 마시기로 했다. 이 약속은 몇 달 전부터 정해진 것이기 때문에 추가 업무 때문에 약속을 취소하고 싶지 않다.

3 자기 자비를 실천한다

좌절감이 들 때는 자신을 상냥하게 대해야 한다. 현실적인 기대치를 정해 놓으면 좌절도 기대를 달성하는 과정의 일부라는 점을 인정하게 된다. 그러니 친구를 대할 때처럼 친절한 태도로 자신을 대하자. 위의 예시에 대입해보면 동료의 요청을 거절하는 상황에 죄책감을 느낄 수도 있지만 애초에 동료가 요청한 일은 당신의 업무가 아니므로 당신이 그 일을 해줄 필요가 없다는 사실도 깨닫게 것이다.

4 필요할 때는 거절한다

약속이나 요청을 거절한다고 해서 이기적인 사람이 되는 건 아니다. 정말 중요한 일을 하려면 자신의 시간과 에너지를 보호해야 한다. 위 예시의 상황이라면 "일정을 확인해보니 추가 업무를 받아들일 여유가 없어요"라고 동료에게 말하면 된다. 이때 죄책감을 느끼지 말아야 한다.

5 경계를 설정한다

일상과 사회생활 사이에 적절한 선을 긋자. 언제 휴식을 취해야 하는지 알고, 자기 관리와 휴식을 위한 시간을 확보해야 한다. 위의 예시에서는 어떻게 적정선을 그어야 할까? 이 동료에게 추가 업무를 맡아 달라는 요청을 받은 게 여러 번이고 지금까지는 대부분 수락했다면? 친절한 태도를 취하고 싶더라도 이제는 사람들에게 당신이 어떤 대우를 받고 싶은지 알려줘야 한다. 요청을 거절하면서 경계를 정하는 것도 이 과정의 일부다.

6 재평가 및 조정을 반복한다

인생은 유동적이며 상황은 언제나 변한다. 주기적으로 목표와 기대치를 재평가하고, 필요하다면 변화하는 현실에 맞춰 목표와 기대치를 적절히 조정하자. 위의 예시에서라면 자신이 생각하는 목표와 기대치에 맞추기 위해 동료에게 선을 긋는 일에 뿌듯함을 느끼는 동시에 죄책감이 들 수도 있다. 하지만 그렇게 하는 게 옳다는 걸 알고 있으니, 죄책감을 인정하고 사람들의 비위를 맞추는 낡은 패턴으로 다시 돌아가지 않도록 노력해야 한다.

파워 8: 감사의 순간을 만들자

힘든 삶 속에서도 현재를 소중히 여기고 과거를 존중하며 주변의 풍요로움을 받아들일 수 있는 소중한 감사의 주머니를 만들자.

HFA 완벽주의자는 탁월한 성취를 얻는 데 정신이 팔려 있어서 자신을 돌보거나 주어진 삶에 감사를 느낄 여유가 거의 없다. 다음에 해야 할 일이나 책임에 대한 압박감에 휩쓸린 나머지, 잠시 숨을 돌리면서 주변의 모든 것에 감사하는 걸 잊어버리기 십상이다.

감사의 순간을 만든다는 것은 깊은 감사와 자기 성찰을 위해 의도적으로 매일 시간을 따로 떼어놓는다는 의미다. 이는 변화를 일으키는 감사의 힘을 활용해 우리 인생의 크고 작은 수많은 축복을 상기시키는 강력한 실천 방안이다. 따스한 아침 햇살을 음미하든, 진심 어린 대화를 즐기든, 따뜻한 음료와 부드러운 겉옷이 주는 소박한 즐거움을 소중히 여기든, 이런 순간들은 우리를 현재와 연결시키고 자기 자신과 타인, 주변 세계와의 유대감을 키워준다.

이런 자기 성찰의 순간을 쌓다 보면 자신에게 주어진 경험의 풍성함에 익숙해지고, 깊은 만족감과 기쁨을 키우며, 현재 진행 중인 여정에 더 깊은 감사를 느끼게 된다. 그리고 이는 관점의 변화로 이어진다. 실패에 집착하기보다는 성장으로 향하는 여정에 발을 들였음을 감사하고, 야망과 만족감 사이에서 조화로운 균형을 이루고, 자신을 연민 어린 태도로 대하기 시작한다.

진정한 만족감은 우리가 성취한 것뿐 아니라 현재의 아름다움을 소중히 여기고 진정한 자아를 포용하는 과정에서도 느낄 수 있다.

다음에 해야 할 일에만 매달리는 삶을 살지 말자. 하던 일을 멈추고 잠시 쉬자. 우리의 목표는 삶의 어려움을 무시하는 게 아니라, 관점을 재구성해서 긍정적인 것에 더 큰 감사의 마음을 품는 것임을 기억하자.

감사의 순간은 속도를 늦추고 인생의 좋은 점을 음미하면서 감사하는 마음을 키워야 한다는 사실을 부드럽게 일깨워준다. 종종 당연하게 여기는 주변의 모든 아름답고 단순한 것들을 돌아보는 일은 현실에 뿌리를 내리는 데도 도움이 된다. 자기 인생의 좋은 일과 좋은 사람들을 모두 기억하면 새로운 것, 원하는 것에만 매달리는 걸 막을 수 있다. 감사와 기쁨 사이를 오가는 일은 쉽다.

감사 일기 쓰기

감사하는 마음을 키우는 가장 쉬운 방법은 일기 쓰기다. 방해받지 않고 명상에 잠길 수 있는 조용하고 편안한 공간을 찾아서 단계대로 따라 해보자.

1 시간을 따로 정한다

매일 감사 연습에 전념할 수 있는 시간을 정해둔다. 아침일 수도 있고, 잠들기 전일 수도 있고, 잠깐 쉬는 시간일 수도 있다. 다이어리에 일정을 적어두면 기억하기 쉽다.

2 3가지 축복을 생각한다

오늘 일어난 일들 가운데 감사함을 느낀 일 3가지를 적는다. 자신에게 의미 있는 일이기만 하면 규모가 크든 작든, 개인적인 일이든 평범한 일이든 상관없다. 그런 다음 '왜 이 일에 감사하는가?'라고 물어보자. 이 질문을 던지면 이유를 깊게 탐구하면서 그때 느낀 감정을 되새겨볼 여지가 생긴다. 이런 연습을 꾸준히 하면 일상 속에서 경이로운 순간을 찾아내도록 마음을 훈련시킬 수 있다.

3 감사를 느낀다

3가지 축복을 생각하거나 적으면서 각각에 대한 감사의 마음에 빠져보자. 그와 관련된 긍정적인 감정을 충분히 경험해야 한다.

4 매일 반복한다

감사 일기 쓰기를 매일 실천하자. 삶의 긍정적인 면에 자연스럽게 집중하도록 뇌를 재구성하려면 일관성이 중요하다.

5 새로운 관점을 탐색한다

가장 힘든 경험을 하는 동안에도 이런 상황이나 예상치 못한 곳에서 감사할 일이 있는지 찾아보자. 이런 연습은 사고방식을 바꾸고 회복력을 높이는 데 도움이 된다.

6 검토·반성한다

감사 일기 내용을 정기적으로 검토하자. 시간이 지나면서 드러나는 패턴, 성장한 점, 관점 변화 등을 확인한다. 이런 자기 성찰의 시간을 가지면 삶이 주는 선물에 감사하는 마음이 더 깊어진다. 연인, 자녀, 친구들과 함께 일기를 쓸 수도 있다.

파워 9: 다른 사람과 비교하지 말자

시어도어 루스벨트 Theodore Roosevelt 대통령의 말처럼 비교는 기쁨의 도둑이다. 자신만의 고유한 여정을 받아들이자. 그 고유함 안에 자신의 진정한 힘과 아름다움이 있다.

우리는 종종 다른 사람들의 삶을 엿보면서 왜 우리는 그들이 가진 것을 갖지 못하는지, 왜 우리는 그들이 이룬 일을 이루지 못하는지 궁금해한다. 이렇게 자기 의심의 씨앗이 뿌리를 내리면 자기 가치와 능력에 의문을 제기하기 시작한다. 하지만 위의 문장을 다시 읽어보자. '엿본다'라는 말은 곧 우리가 그들 삶의 극히 일부분만을 본다는 의미다. 자신의 삶 전체를 다른 사람 인생의 짧은 한순간과 비교하는 것은 옳지 않다.

비교는 인간이라면 자연스럽게 하는 행동이지만 비교를 자제하는 방법을 배우고 자신의 성장과 행복에 초점을 맞추는 태도를 갖추는 것이 중요하다. 자신만이 지닌 특별함을 받아들이고 자기만의 여정을 소중히 여겨야 더 온전한 자기 수용과 만족감, 보다 만족스러운 삶을 살아갈 수 있다. 당신은 다른 사람의 복제품이 될 수 없고, 세상에 유일무이한 존재가 될 운명이다. 자신을 다른 사람과 비교하지 않고 스스로의 여정을 받아들인다는 것은 자기 개성을 존중하고 자신만의 이야기에 담긴 아름다움을 인정한다는 뜻이다. 당신의 길은 당신 자신의 것이니, 항상 다른 사람의 길과 다르다는 사실을 인정하고 받아들여야 한다. 그게 바로 당신이 특별한 이유다.

잣대를 버리고 비교라는 제약에서 벗어나면 비현실적인 기대가 짓누르는 무게에서도 벗어날 수 있다. 지저분하고 불완전하지만 아주 멋진 당신 여정의 모든 굽이굽이가 당신이 있어야 하는 곳으로 정확하게 인도해준다는 걸 믿자.

자신의 여정을 받아들이면 인생의 진짜 마법은 다른 사람과 비슷한 존재가 되는 게 아니라 진정한 자신이 되는 것에 있다는 사실을 깨닫게 된다.

당신의 가치는 당신이 다른 이들의 기대에 얼마나 부합하느냐에 따라 결정되지 않는다는 걸 기억하자. 자신의 길은 혼자서 걸어야 한다. 자기만의 특별함을 존중하고 비교하려는 욕구를 버리자. 다른 사람에게 영감을 얻는 것은 좋지만 그들을 기준 삼아 자신을 정의해서는 안 된다. 자신의 독특한 길을 받아들이자. 그게 자신 안에 있는 무한한 잠재력을 여는 열쇠다.

비교하려는 생각 관리하기

이 워크시트는 매일 실행할 수 있도록 고안되었다. 이 워크시트를 이용하면 어떤 부분에서 자기 자신이나 자신의 삶을 다른 사람과 비교하는지 파악할 수 있다. 비교를 유발하는 상황, 환경, 사람에

주의를 기울이자. 유발 요인을 인식하면 언제 비교의 함정에 빠질지 예측하는 데 도움이 된다.

1 일시 정지 및 인정하기

자신을 타인과 비교하고 있는 상황을 알아차리면 바로 잠시 멈추자. 그리고 비교했다는 사실을 인정하자. 남과 자신을 비교하는 건 정상적인 일이지만 그렇다고 해서 비교로 스스로의 가치가 정의되는 건 아니라는 점을 기억하자.

2 부정적인 생각에 이의 제기하기

비교하는 동안 생긴 부정적인 생각에 이의를 제기하자. 이런 생각이 현실적인 기대에 근거한 것인지 아니면 사회적 압력이나 불안감 때문에 떠오른 건지 스스로에게 물어보자.

3 재구성 및 방향 전환하기

긍정적이고 힘을 주는 말을 이용해서 남과 자신을 비교하는 생각을 재구성하자. 자기만의 특별한 자질과 지금까지 이룬 일들을 떠올려야 한다. 모든 사람의 여정은 제각기 다르고 그래서 삶이 아름답고 다양해진다는 생각을 받아들이자.

4 자기 자비 키우기

자신을 친절하게 대하면서 자비를 베풀자. 비교 때문에 어려움을

> 겪고 있는 친구를 대하듯이 스스로를 대해야 한다. 불완전해도 괜찮고 자기만의 길을 걷는 것도 괜찮다는 사실을 되새기자.

| 파워 10: 자신을 신뢰하자

자기 신뢰는 내적인 힘의 닻이며, 자신감과 회복력을 발휘해 불확실성의 파도를 헤쳐 나가도록 안내한다.

자기 신뢰는 자신의 능력, 결정, 가치에 대한 확고한 믿음에 기반한다. HFA는 우리를 걱정과 자기 의심의 그물에 얽매서 마음의 평화를 흐트러뜨리지만 자기 신뢰는 이런 진창에서 벗어나도록 도와준다. 자신의 능력을 알고 두려움을 인정하면 굳이 다른 사람의 동의를 받지 않더라도 자신의 본능을 신뢰할 수 있다.

자기 신뢰를 가지면 삶의 모든 부분에서 맹목적인 자신감을 갖게 될 것이라는 의미가 아니다. 그보다는 자신의 취약성과 성장을 건전하게 받아들이는 일이 가능하다는 뜻에 가깝다.

실수는 자연스러운 것이고 좌절은 배움의 기회라는 걸 인정하면 스스로를 용서할 수 있다.

자신이 저지른 실패를 전부 머릿속에 파일로 만들어 폴더에 보관하던 사라를 기억하는가? 자기 신뢰는 머릿속에 저장된 파일을 삭제하고 자신을 친절하게 대하도록 이끌어준다. 시도하는 일이 전부 성공할 수는 없다. 하지만 자신감이 강한 사람은 자신을 억누르지 않고 기회가 생기면 다시 시도할 것이다.

자기 신뢰의 핵심은 자신의 본질을 완전하게 수용하는 데에 있다. 스스로를 신뢰하면 자신의 가치가 다른 사람의 의견이나 완벽성을 달성하는 데에 달려 있지 않다는 걸 안다. 이는 비교와 자기 의심이라는 족쇄에서 우리를 해방시켜 자신의 특별함을 주저 없이 누릴 수 있게 해준다. 삶이 우리 앞에 던져지는 일들을 잘 처리할 수 있게 되고 자립심과 정서적 안정감도 더 깊어진다.

다른 기술과 마찬가지로 자기 신뢰도 규칙적인 자기 성찰과 의식적인 노력을 통해 학습할 수 있다. 직관에 귀를 기울이고 감정과 욕구를 존중하는 것부터 시작하자. 사소한 것이라도 자신이 이룬 일을 축하하고, 이미 극복해낸 어려움을 상기하자. 이게 새로운 존재 방식이라는 사실을 기억해야 한다. 처음에는 마치 별것 아닌 일을 너무 자랑하는 듯해서 기분이 이상할 수도 있지만 꾹 참고 계속해보자. 이런 축하와 상기는 그저 자신이 괜찮은 사람임을 인정하자는 것뿐이다.

스스로를 신뢰하면 불안감과 외부 검증에서 벗어날 수 있다. 실수와 좌절을 발전의 디딤돌로 여기면서 회복력과 정서적 안녕을 키우자.

이제 실패에 대한 두려움은 새로운 기회와 경험의 문을 열어줄 것이다. 그러면 그동안 머물렀던 안락한 장소에서 벗어나 성장과 자기 발견을 향해 나아가게 된다. 자기 신뢰의 힘을 받아들이면 흔들리지 않는 자신감과 열린 마음으로 인생을 살아갈 수 있다. 다가오는 모든 것을 마주볼 준비를 하자. 다음에 소개하는 간단한 워크시트는 자기 신뢰를 강화하고 스스로의 능력에 대한 자신감을 키우는 데 도움이 될 것이다.

자기 신뢰를 키우는 확언

눈을 감고 코로 숨을 들이쉬었다가 입으로 내쉬면서 심호흡을 해보자. 긴장을 풀고 몸에 힘을 빼야 한다. 그리고 긍정적인 자기 신뢰의 확언을 속으로 혹은 큰소리로 반복한다. 자신에게 어울리는 문구를 선택해야 하는데, 몇 가지 예를 들어보겠다.

- '나는 나 자신과 내 결정을 신뢰한다'
- '나는 내 능력을 믿고 나의 특별함을 받아들인다'
- '지금의 나도 충분히 괜찮은 사람이다'
- '나는 내게 닥치는 어떤 어려움에도 대처할 수 있다'

이런 확언을 계속 반복하면 자기 신뢰를 강화하고 자신의 능력에 대한 더 큰 믿음을 키울 수 있다. 시간이 점차 쌓이면 자기 의심과 불안이 줄어들고, 새로운 확신과 회복력을 지닌 채 삶의 어려움에 맞서게 될 것이다.

파워 11: 자신의 약한 부분을 인정하자

자신의 취약성까지 포용하는 기술을 익혀야 용감하게 삶을 살 수 있다. 개방적인 태도로 살아가야 그 안에서 진정한 힘을 발견할 수 있기 때문이다.

약한 부분을 인정한다는 말을 모든 사람에게 자신의 영혼을 속속들이 드러내라는 말로 오해하는 사람이 많다. 하지만 취약성을 인정하는 행동은 자신의 모든 측면을 무분별하게 공유하는 행동이 아니다. 우리의 가장 연약한 부분까지 보듬어줄 수 있다고 생각되는 사람들에게 마음을 여는 용기 있는 행동이다.

우리의 삶에 필요한 것은 단 하나뿐이다. 바로 취약한 모습을 드러낼 수 있는 용기다. 《마음 가면 Daring Greatly》의 저자 브레네 브라운 Brené Brown 교수는 취약한 부분을 인정하는 중요성에 대해 썼다. 책 외에도 연구와 다른 작업을 통해 취약성을 포용하는 것이 성취감 있고 진정한 삶을 살기 위한 핵심 요소라고 여러 번 강조했다.[7] 브라운 교수는 취약성은 약점이 아니며 다른 사람들과 연결되고, 우리의 진정한 모습을 보여주고, 더 깊은 감정과 관계를 경험할 수 있게 해준다는 점에서 오히려 우리의 강점이 되어준다고 했다.

취약성은 본인의 진짜 자아를 드러내는 것과 정서적 행복을 보호하기 위해 경계를 설정하는 것 사이에서 균형을 잡아준다. 취약성은 우리가 지닌 힘 즉, 섣부른 판단이나 수치심 없이 자신의 불완전함과 두려움, 불안감을 인정하는 힘의 증거라는 사실을 기억하자.

처음에는 어려울 수도 있다. 하지만 충분히 연습하면 상황이 불확실할 때에도 '취약한 모습을 보여도 괜찮고, 나는 그 공간에 계속 머물 능력이 있다'는 믿음이 생긴다. 또 주변 사람들, 특히 우리의 취약성을 드러낼 수 있는 안전한 피난처임이 입증된 사람들을 신뢰하는 방법도 배운다. 이런 사람들에게 의지하자. 그들은 당신을 비판하지 않고 연민 어린 태도로 도와줄 사람들이기 때문에 당신의 가장 깊은 자아까지 공유할 수 있을 것이다. 그리고 당신도 그들을 위해 그런 사람이 되어주자.

우리는 취약성을 통해 다른 사람들과 유대감을 형성하고, 자신의 진정한 자아를 드러내거나 알려줄 수 있다.

자신의 취약성을 인정하는 일은 한 번 하고 마는 결정이 아니라 자기 발견과 성장을 위한 지속적인 여정이다. 용기 있게 취약성을 드러내고 내밀한 욕망을 노출시켜야 자신의 힘과 진정성을 되찾을 수 있다. 취약성을 인정하는 일은 불확실한 삶에 맞서 자신의 가장 깊은 자아에 깃들어 있는 힘을 찾으려는 일이다.

취약성을 자세히 들여다보자

이 워크시트는 자신의 취약성을 살펴보고, 용기를 키우고, 자신의 감정과 경험에 대한 이해를 심화하는 데 도움이 된다.

1 과거의 경험을 되돌아본다

살면서 취약하다고 느꼈던 때를 떠올려보자. 위험을 감수했을 때나 자신의 감정을 말했을 때, 어려운 상황에 직면했을 때일 수도 있다. 이런 경험을 일기장이나 노트에 적어보자.

2 감정을 분석한다

취약함을 느꼈던 각각의 경험과 관련해 그 당시의 감정을 분석해보자. 두렵거나 불안했는가, 아니면 흥분되거나 희망을 느꼈는가? 이런 감정들을 비판 없이 인정하고 각 감정에 이름을 붙이자.

3 유발 요인을 파악한다

각 상황에서 취약하다는 느낌을 유발한 요인은 무엇인지 생각해보자. 비판, 거부, 실패에 대한 두려움이었는가? 유발 요인을 파악하면 취약성의 어떤 부분이 가장 문제인지 이해할 수 있다.

4 자기 자비를 실천한다

취약성을 탐색하는 동안 자신을 부드럽게 대해야 한다. 취약성은 인간됨의 자연스러운 일부고 이런 감정을 느껴도 괜찮다고 인정하면서 자기 자비를 실천하자.

5 용기 있는 대응 방식을 머릿속에 그려본다

이제 자신이 더 용기를 냈다면 취약한 상황에서 어떻게 대응했을지 상상해보자. 스스로를 진정성 있게 표현하고 자신의 취약성을 주저 없이 받아들이는 모습을 머릿속에 그려보자.

6 이해한 내용을 일기에 기록한다

이 워크시트를 완료하면서 얻은 성찰, 통찰력, 새로운 관점을 적어보자. 자기 자신과 취약성과의 관계에 대해 무엇을 배웠는지 생각해보자.

7 미래를 위한 작은 과제를 정한다

일상 속에서 취약성과 관련해 더 용기를 내기 위한 작은 조치를 취해보자. 진심 어린 대화를 나누거나 창의적인 작업물을 공유하거나 필요할 때 도움을 요청하는 일도 괜찮다. 이런 일을 할 때 기분이 어땠는지 돌아보면서 일기를 쓴다.

파워 12: 인내심을 발휘하자

인내는 수동적인 기다림이 아니다. 성장 여정을 한 단계씩 받아들이면서 삶의 흐름을 우아하게 헤쳐 나갈 수 있게 도와주는 기술이다.

이게 내가 가장 배우기 힘든 파워였다. 나는 〈스타워즈〉에서 루크 스카이워커가 요다의 답변을 듣고 싶어서 마구 짜증을 내는 모습을 보고 충격을 받았던 적이 있다. 하지만 〈스타워즈〉의 제다이처럼 우리도 인내의 기술을 배워야 한다. 변화를 추구하다 보면 처음에는 인내심이 얼마나 중요한지 간과하고, 빠른 결과와 즉각적인 성공만을 원한다. 하지만 인내해야만 성장의 진정한 단초를 발견할 수 있다. 인내심을 갖고 끈질기게 버텨야 내면에 숨겨진 힘을 드러내고 자기 운명의 주인이 된다. 즉각적인 만족을 얻을 수 있는 이 세상에서 인내의 미덕은 힘과 지혜의 심오한 원천이 된다.

> 인내심은 자기 신뢰의 증거이자 우리 여정에 대한 확언이다. 인내를 통해 '성장은 점진적인 과정이며 중대한 변화는 정해진 시기에 이루어진다는 사실'을 되새길 수 있다.

조바심이 드는 순간에는 자기 의심과 좌절에 굴복해서 개인적인 발전의 각 단계가 얼마나 멋진지 지나칠 위험이 발생한다. 탁월한 성과를 올려야 한다는 압박감과 실패에 대한 두려움 때문에 한계를 뛰어넘으라며 자신을 채찍질할 수도 있다. 하지만 인내심을 발휘하면 자신의 생각과 감정을 들여다보면서 '나'에게 적합하지 않다고 생각되는 일에 뛰어들기 전 내면에서 일어나는 일을 조절할 여지가 생긴다. 그리고 자신에게 맞는 속도를 지키는 지혜를 받아들인다.

인내심을 발휘하면 다른 사람과 관계를 맺는 방식도 강화되어 보다 깊은 연결과 이해를 촉진한다. 생각한 대로 일이 진행되지 않아도 사람들 앞에서 조바심을 내지 않고 느긋하게 상황이 전개되도록 내버려둘 수 있다. 적극적으로 귀를 기울이면서 다른 사람들이 스스로를 표현할 수 있는 공간을 마련해주면 공감 능력과 연민이 커진다.

　인내는 진심 어린 소통의 문을 열어주고 자신과 타인 사이에 신뢰의 다리를 놓아준다. HFA는 타인을 신뢰하지 못하게 만드므로 이 과정은 매우 중요하다. 인내는 다른 사람뿐 아니라 자기 자신에게도 친절해지는 방법을 배우게 한다. 인내심을 키우는 데도 노력이 필요하다. 명상, 심호흡 같은 마음챙김 수련은 지금 이 순간에 머무는 데 도움이 된다. 규칙적인 자기 성찰로 일을 너무 서두르거나 세게 밀어붙이고 있는지 점검해도 좋다. 인내는 숨 쉴 여유를 준다.

인내를 위한 마음챙김 호흡

즉각적인 효과를 주는 이 워크시트는 불안감을 느낄 때마다 인내심을 키우고 평온함을 찾도록 도와준다.

1 호흡 세기

등을 곧게 펴고 어깨에서 힘을 뺀 채 편안한 자세로 앉거나 선다. 눈을 감는 게 편하다면 눈을 감아도 좋다. 부드러운 눈빛을 유지한다. 숨을 들이쉬고 내쉴 때 가슴이나 배가 오르락내리락하는 자연스러운 호흡의 흐름을 느껴보자. 그런 다음 숨을 들이쉬면서 조용히 1을 세고, 숨을 내쉬면서 2를 센다. 계속 호흡하면서 10까지 센 다음 다시 1부터 시작한다. 정신이 산만해지면 호흡을 세는 생각으로 부드럽게 관심을 돌린다.

10까지 센 뒤 다시 1부터 10까지의 다음 주기를 시작하기 전에 잠시 멈춘다. 이렇게 멈춘 상태에서 조급함이나 불안감을 버린다. 고요를 받아들이고 이때 생기는 모든 감각과 생각을 관찰한다.

2 반복 및 확장하기

몇 분간 이런 식으로 계속 호흡하고, 점점 호흡하는 시간을 늘려보자. 마음이 바쁘거나 조급해지면 다시 호흡을 세는 연습으로 돌아갔다가 인내심을 갖고 부드럽게 현재 순간으로 돌아오자.

3 되새김하기

워크시트가 끝나면 잠시 이 경험을 되돌아보는 시간을 가진다. 마음 상태나 신체에 어떤 변화가 생겼는지 알아보자. 마음챙김 호흡을 통해 인내심을 기르면서 생긴 평온함과 집중력을 받아들이자.

이 워크시트를 정기적으로 하면 힘든 상황에서도 침착함을 유지하는 능력이 향상된다. 조바심보다는 인내심이 삶의 기복에 대한 자연스러운 반응으로 튀어나오기 때문이다. 이런 반응은 불안한 생각과 감정에 대처하는 좋은 방법이다. 어떤 상황에서든 인내심을 발휘하면 우아하게 일을 진행해 나갈 수 있다.

12가지 파워 사용법을 배우는 과정은 지속적으로 이어지는 과정이며 또 다른 존재 방식이기도 하다. 이 여정과 학습 경험을 받아들이고 진정한 자아와 조화를 이루면서 성장해 나가자. 자기 성찰, 자기표현, 자기 수용을 꾸준히 실천하면 삶의 모든 영역에서 자신의 진정한 모습으로 밝게 빛날 수 있는 용기와 자신감을 기를 수 있다.

《두려움이 내 삶을 결정하게 하지 마라》의 저자이자 자기계발 코치인 브렌든 버차드Brendon Burchard의 말을 기억하자.[8]

처음에는 **의도**다.
그다음에는 **행동**이다.
그다음에는 **습관**이다.
그다음에는 **연습**이다.
그리고 **두 번째 천성**이 깨어난다.
그리고 결국 **자기 자신**이 된다.

HFA 증상은 대부분 심리적인 부분에서 튀어나오지만 물리적으로도 증상이 나타날 수 있으므로 충분히 휴식을 취하고 수분을 섭취하는 일도 중요하다. 자신의 내면과 외면을 두루 돌봐야 한다. 2단계에서 언급했던 욕구 계층을 참고해, 현재 자신의 상태를 점검해보는 것도 좋다.

5단계 요약

퍼즐의 마지막 조각인 12가지 파워를 살펴봤다. 이 가운데 아무것도 사용하지 않거나 하나만 사용하거나 전부 사용할 수도 있다. 당신의 길은 당신 혼자만의 것이다. 다른 사람에게 효과가 있는 방법이 나에게는 효과가 없을 수도 있다. 하지만 친절과 자기 자비, 그리고 진실을 받아들이면 자신뿐 아니라 주변의 모든 사람의 삶에 풍요로움과 깊이를 안겨준다. 이제 당신도 그 공간으로 향하는 길을 찾았길 바란다.

결론

드디어 해냈다! 당신은 무언가 잘못된 것 같기는 한데 그게 정확히 무엇인지 확신하지 못하는 상태에서 이 여정을 시작했을 것이다. 이 책에서 나는 당신이 존재의 핵으로 들어가 자신의 핵심 신념과 본인에게 자주 하는 거짓말과 이야기를 마주하고, 거대한 코끼리와 같은 두려움에 맞서면서 HFA를 철저히 분석하도록 했다.

우리는 용감하게 자신의 행동 패턴을 인식하고 유년기의 경험이 현재의 자신에게 어떤 영향을 미치는지도 확인했다. 또 내가 지나온 여정(최악의 상태와 최고의 승리까지)을 함께 걸었다. 나는 지금 기쁨과 자기 자비를 느끼면서 이 책을 쓰고 있다.

당신은 이제 스스로를 잘 이해하고 HFA로 인한 특성까지 포함해, 유일무이하고 특별한 자신을 잘 받아들일 수 있을 것이다. 나는 당신을 방해하는 패턴과 신념에서 벗어나 스스로를 친절하게 대하는 데 필요한 도구를 제공했다.

이제 날개를 펼칠 준비가 되었다. HFA가 억압하던 한계를 뛰어넘고 지금까지의 여정에서 얻은 교훈을 이용해 역량을 강화해야 할 때다. 자기 발견과 치유를 향한 여정이 시작되었으니 새로 발견한 자유를 받아들이자.

자신과의 약속

이제 이 책을 다 읽었으니 나와의 약속을 지키겠다고 다짐하자.

나는 스스로의 내면 세계를 탐구하고 나 자신을 잘 이해하기 위해 이곳에 왔다.

때로는 쉽지 않겠지만 어렵다는 것쯤은 알고 있다. 하지만 나는 더 행복하고 평화롭고, 덜 불안해지기 위해 내 감정을 헤쳐 나가는 방법을 배울 준비가 되어 있고 필요한 힘도 얻었다.

더 이상 스스로를 실망시키는 일은 하지 않겠다.

그리고 진정한 내 모습을 세상에 보여주겠다.

서명:

날짜:

감사의 말

이 책이 나오기까지 도와준 모든 분들께 진심으로 감사의 말씀을 드린다. 생물학적인 가족과 인생의 여정에서 만나 가족이 된 분들의 변함없는 지지와 격려가 의지할 수 있는 닻이 되어주었다.

내 빛을 더 이상 가리지 않고 진심으로 받아들일 수 있는 공간을 제공해준 상담사 선생님에게 특별한 감사를 전한다. 끝까지 나를 포기하지 않은 것에 진심으로 감사드린다.

어둠의 순간에도 나를 믿고 내 길을 밝혀준 분들에게, 내 날개를 믿고 날 수 있을 뿐 아니라 성장할 수 있다는 사실을 알려줘서 고맙다. 또 내 인생에서 교훈과 지혜의 원천이 된 이들이 미친 영향은 헤아릴 수 없을 정도로 크다.

이 책은 내 여정을 만들어낸 공동의 노력과 경험의 증거물이다. 이 뜻깊은 노력에 함께해준 모든 분들에게 감사 인사를 전한다.

참고 자료

| 들어가며 |

1. National Institute of Mental Health (NIMH), The National Institute of Mental Health Information Resource Center. Any Anxiety Disorder.www.nimh.nih.gov/health/statistics/any-anxiety-disorder [Accessed 20 November 2023]
2. Office for National Statistics (2023), 'Public opinions and social trends, Great Britain: personal well-being and loneliness.' www.ons.gov.uk/peoplepopulationandcommunity/wellbeing/datasets/publicopinionsandsocialtrendsgreatbritainpersonalwellbeingand lon eliness [Accessed 20 November 2023]

| 1단계 |

3. Bowlby, J. (1958), 'The nature of the child's tie to his mother', *International Journal of Psycho-Analysis*, 39: 350–373.
4. Maslow, A.H. (1973), 'A theory of human motivation', in R.J. Lowry(ed.), *Dominance, self-esteem, and self-actualization: Germinal papers of H.A. Maslow*. Belmont, CA: Wadsworth, pp. 153–173.
5. Maslow, A.H. (1973), 'A theory of human motivation', in R.J. Lowry(ed.), *Dominance, self-esteem, and self-actualization: Germinal papers of H.A. Maslow*. Belmont, CA: Wadsworth, pp. 153–173.

| 4단계 |

6. Linden, M. and Rutkowski, K. (2013), *Hurting Memories and Beneficial Forgetting*. Amsterdam: Elsevier.

| 5단계 |

7. Brown, B. (2015), *Daring Greatly: How the Courage to be Vulnerable Transforms the Way We Live, Love, Parent, and Lead*. London:Penguin Books.
8. Burchard, B. (2021), @BrendonBurchard www.twitter.com/BrendonBurchard/status/1401693297010266112?lang=en [Accessed 29 November 2023]

옮긴이 박선령

세종대학교 영어영문학과를 졸업하고 MBC방송문화원 영상번역과정을 수료하였다. 현재 번역 에이전시 엔터스코리아에서 출판기획 및 전문 번역가로 활동하고 있다.
주요 역서로는 『타이탄의 도구들』, 『곁에 두고 싶은 사람이 되라』, 『똑똑한 심리학』, 『결정의 심리학』, 『설득의 비밀』 등 다수가 있다.

열심히 살아도 불안한 사람들

1판 1쇄 발행 2025년 7월 25일
1판 3쇄 발행 2025년 8월 22일

지은이 랄리타 수글라니
옮긴이 박선령

발행인 양원석 **편집장** 권오준 **책임편집** 김희현
디자인 강소정, 김미선 **영업마케팅** 조아라, 박소정, 김유진, 원하경
해외저작권 임이안, 안효주

펴낸 곳 ㈜알에이치코리아
주소 서울시 금천구 가산디지털2로 53, 20층 (가산동, 한라시그마밸리)
편집문의 02-6443-8846 **도서문의** 02-6443-8800
홈페이지 http://rhk.co.kr
등록 2004년 1월 15일 제2-3726호

ISBN 978-89-255-7344-1 (03180)

※ 이 책은 ㈜알에이치코리아가 저작권자와의 계약에 따라 발행한 것이므로
  본사의 서면 허락 없이는 어떠한 형태나 수단으로도 이 책의 내용을 이용하지 못합니다.
※ 잘못된 책은 구입하신 서점에서 바꾸어 드립니다.
※ 책값은 뒤표지에 있습니다.